JN216321

国が崩壊しても
平気な中国人
会社がヤバいだけで
真っ青な日本人

谷崎　光 *Hikari Tanizaki*

PHP研究所

国が崩壊しても平気な中国人・
会社がヤバいだけで真っ青な日本人

北京の老舗、菜百金ショップ。社長は共産党幹部。香港系の周大福は1998年に大陸に初の出店、以後2002年に100店、2010年に1000店、2014年に2000店と大躍進した

菜百金ショップの店内

パワーストーン。中国の通は原石で買う

金インゴット

大きなスーパーにたいていある金ショップ

金製品はほとんどが24金。当日のレートでグラム売り

豪華に細工された金製品。すぐ換金できる

山東省蓬莱。中国には中国人はここから日本に渡ったという伝説がある

大陸から香港に難民する人々。1980年までの30年間で主に広東省から56万人が逃亡し、14万人が成功した。写真は女性のみ大陸に送り返される寸前

香港の高層マンション

広州から香港への海。皆、泳いで密航した。20世紀まで奴隷としてもここからたくさん売られた

中国大陸では崩壊した「中華民国生まれ」の人々。60代後半以上の大陸中国人は全員生まれた国が崩壊している

同じ中国人の少女時代（左）、留学後（右）

パリ中華街、地下の廟。供物は貧困者へのもので自由に取れ、現地警察も入れない

ヨーロッパの中国人ツアー。宝石、ブランド物を爆買い

成田行きの電車に乗る、洗浄便座を買った中国人

ベルギー・アントワープの中国人専門ダイヤモンド店

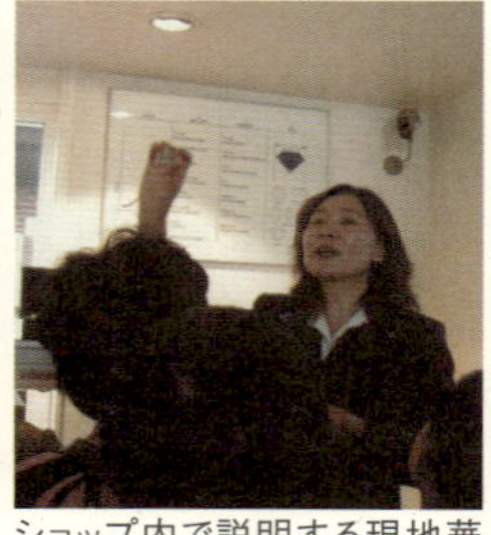

ショップ内で説明する現地華僑ガイド

日本で買ったものは中国で高値で転売する。牛乳石鹸1個600円

大人気の日本のファッション誌。中国は買い切りの日本のページを使って、広告で莫大に儲けている

日本のドラッグストアコスメは大人気。日本の2倍の値段でも売り切れる

あやしい自動車

中国語のガイドブック

反日デモ。撮影のカメラは全部日本製だった

警察車も日産

日中、両方のモデル起用の資生堂の地下鉄広告

マカオの日本人ストリップショー

エビちゃんも有名

こういうイケ勢い感のある雰囲気が中国人好み

庶民の暮らしと環境汚染

中国のハワイ、海南島

大気汚染が悪化すると富裕層はプライベートジェットで脱出（写真は一般乗客）

二環路内雑院。実は8億円

郊外地下鉄付近の屋台。100%地溝油使用

北京南部の通り

胡同の市場

座りこむ老人。居住権を持っていても、立ち退きで追い出される

打ち立ての麺に並ぶ人々

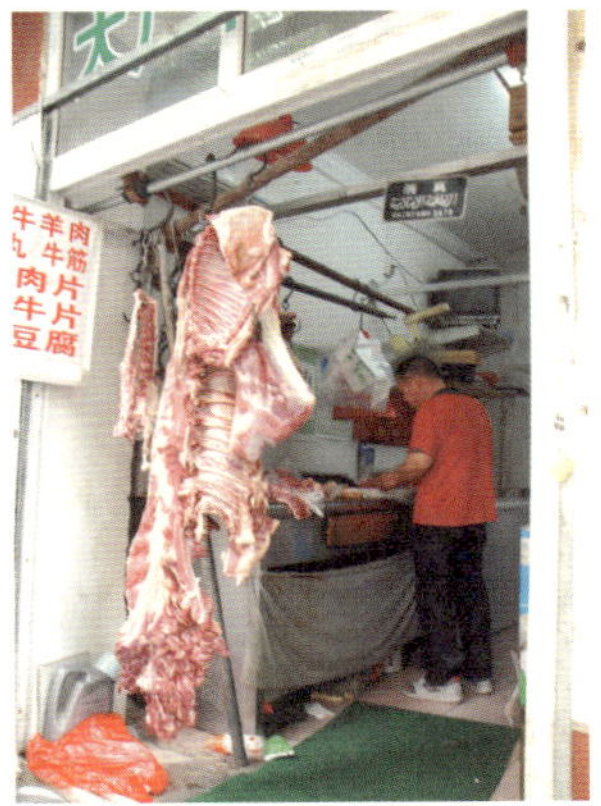

イスラム教徒の肉屋

こういう店の調味料はほぼニセモノ

ハムを作っている

家賃が高く、まともな食材は使えない

使用済みの油を貯めて毎日売る

北京の不動産と住居

歩道に駐車するポルシェ。北京ナンバーで官僚の子弟の可能性が高く、誰も何も言わない

二環路内の立地のいい王府（元・皇帝の親族の住居）。天文学的価格。共産党の各派閥が関係会社を置き、権利を主張

出稼ぎの人の家。春節のご馳走

郊外、立水橋に林立するマンション。水質汚染で大問題になった

二環路内四合院。約60億円

北京市内、張自忠路にある元日本軍司令部

中国石油大学内の建物。現在はもうない

天安門広場を警備する私服警官

窓掃除。命綱なし、出稼ぎの人の仕事

北京、朝陽公園近くのマンション。400平米約3億円

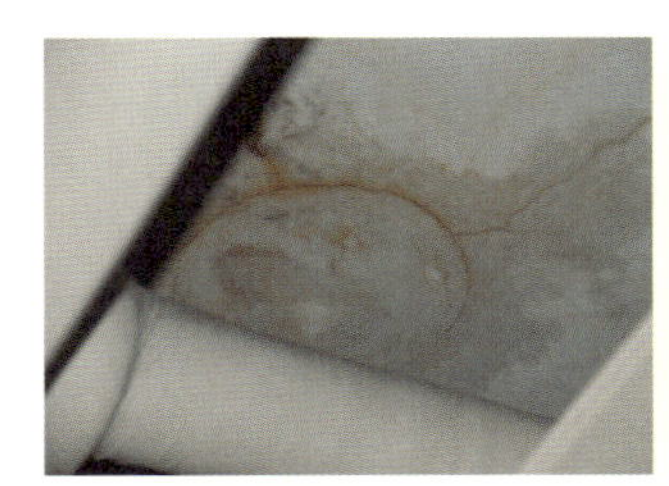

「億ション」でも、水もれ、電灯の落下、築7年でロビーの床には蟻塚のような突起が無数に出現

学生街の五道口。北京大と清華大が歩いて10分内。中国最高の若い頭脳を求めて、マイクロソフト、網易など外資、中国のIT企業が並ぶ

富裕層の暮らし

北京郊外の「安い」クラスの別荘

富裕層の少女。中国語、英語、フランス語がネイティブレベルで話せ、ピアノとバレエで賞を取った。休みのたびに家族で世界中を旅行する

ネイルサービスももう慣れっこ

北京、国貿の夜景

別荘の内部。ヨーロッパ式が好み

国貿の銀泰中心の地下駐車場。北京で一番高級車が並ぶといわれる

プライベートジェットで移動中

マカオのカジノで「小姐」と記念撮影。一場、少なくとも1000万円以上からの、VIPルームがあり、官僚がヘリコプターでロンダリングに行く

アフタヌーンティーを楽しむ中国人

北京首都空港近くなど、郊外にはお城のような別荘群が大量に建設されている

権力が集中する北京は中国で一番金持ちの多い街

北京市内にて。ブラックグラスの高級車は多い

ホテルでランチ

東城区、東綿花胡同

老北京研究会。羊の尾の肉のしゃぶしゃぶ

北京のソウルフード、卤煮火焼。
北新橋卤煮老店はいつも行列

护国寺街の护国寺小吃総店

北京風情が色濃く残る鼓楼東大街

北京っ子でいつもいっぱいの姚记炒肝

琉璃厂近く、厂甸の春節廟会(縁日)

北京オリンピック開催の夜、王府井

踊る北京大の教授たち

後海近くの「小姐」胡同。隣は小学校

「党員は、党の顔として責任を果たせ」。実際は下部組織は住民へのタカリのプロ

景山公園で音楽を楽しむ人々

東城区政府。真向いは官官接待用の高級寿司屋

東四近くの小学校

気楽な人々

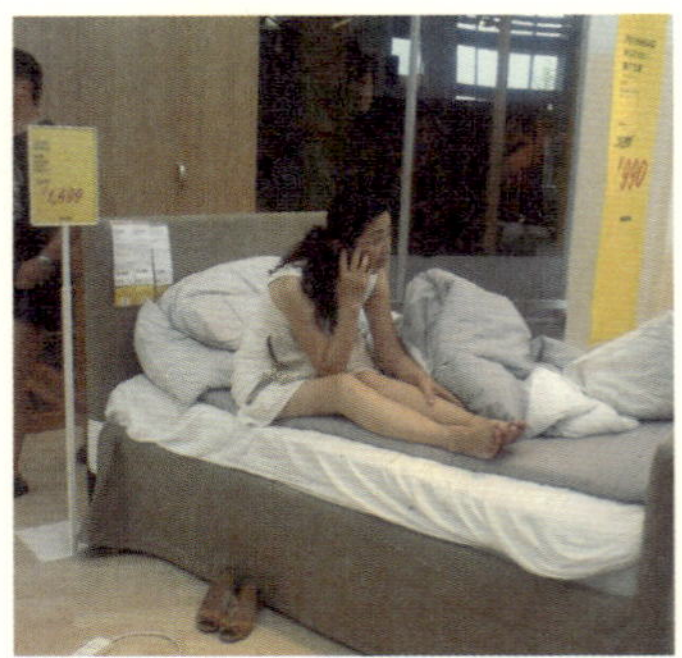

なぜそこまでくつろげる？

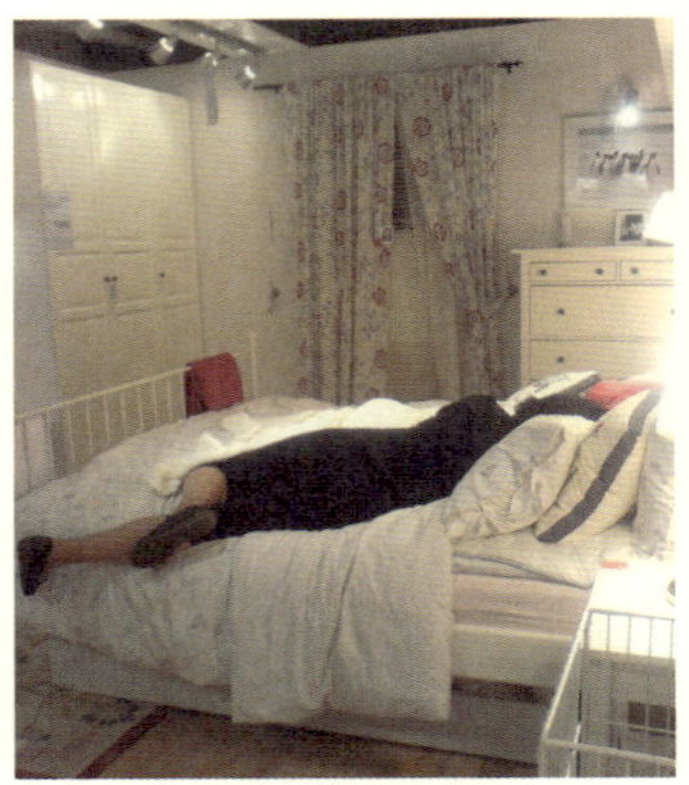

北京のイケア。売り物のベットにて

北京地下鉄内。自分と家以外の「公」が認識できない

北京西単図書大楼（書店）にて

スーパーで妻の指示を仰ぐ

北京無印良品にて。「私」「家族」「朋友」のもの以外の場所はすべて自分の利のためにある

北京モーターショーで、萌えファッション美女と

オペラ会場の案内小姐

尽くし型の多い中国男の標準形。カップルの「はい、アーンして」というのは、中国の場合、男性が食べさせる

「奥さん、ボク、前から奥さんのことを」

子供好きな男性が非常に多い

「孫の子もりさ」

買い物、料理は男性の仕事

ヴィトンとポルシェの携帯

おいしくなさそうなコピー

自慢のバッグ

路上の蟹売り。薬品で着色した偽物

ブランド品満載のリヤカー

浙江省嘉兴という街のショッピングセンターは、全店ほぼ偽ブランド。ルイ・ディオールは北京

義乌で売られていた日本の化粧品の偽物。ネットショップ用に薦められた。1個20円

北京、ブルーワーカー用の小店。歯磨きからクリームまで全品偽物

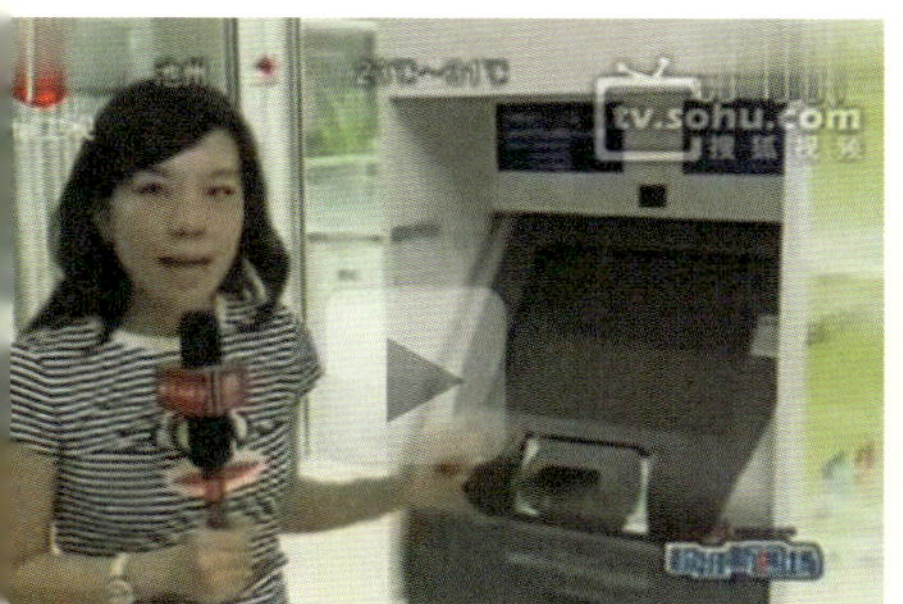

銀行やATMの偽物も普通にある

大手スーパーで売られていたミツカン酢の偽物（左）。マッサージは本物

S&Bワサビの偽物。大手スーパーにて

路面店の酒、たばこは9割が偽物と政府が発表

立ち退き金欲しさに、急きょ建てられた偽レンガビル

骨董フリー市場、潘家園近くの偽物製造所

田んぼを一人ずつ歩いてくる。夜はたき火を囲んで求愛パーティー。「私たちの恋愛は漢族より自由」

貴州ミャオ族の少女。銀の衣装は振袖的なもので、全員が持っているわけではない

農業もそのままやる

市場で出会った二人。普段からこの格好

少数民族の大半は独自の文字を持たず、色で表現する。服の模様は民族創生のストーリーも多い

雲南省大理の街。白族はクリエイターが多い

雲南省に出張旅行に来たミャオ族共産党幹部

貴州の村の老人。撮影にお金を要求された。受け取ってうれしそうな表情

貴州の携帯美女

チベット族。毎日3時間踊る。雲南省シャングリラ

トン族の村。貴州は貧しく、名産は貪官（汚職官僚）、悪警（悪徳警察）、黒社会と言われている

雲南省、チベット族の市場。食べ物は辛い

田舎から都会へ

貴州の村。電気はあるが、日本の江戸時代と同じ暮らし

広州付近の村。水牛で原始的な農業

宿に子供が来て歌ってくれた。日本の切手をあげたら、老人達に入れ知恵され、「金、金、金がいい!」と返しに来た

糸引き、機織りも実用で現役

北京地下鉄にて。洋鬼(外人)はこわい

上海の路上にて。都市に出ても出稼ぎ農民は最末端の仕事

江西省の村。いかだで移動する

义乌。風俗で働く女性の大半が農村出身者

田舎の母親と都会に出て働く娘

山西省の祁县。昔の建築が街ごと残っている

ユニクロの「パートナー（社員）募集」

北京の青山、三里屯のユニクロ

LLE
望清单 BEAUTY
壁咚”告白,
准备好了吗?
AY YES!

壁咚は壁ドン。日本の流行はリアルタイムで伝わる

『厚黑学』。腹黒に生きよ、という中国人のバイブル

北京大生。優秀な学生は在学時代から高給のバイトをする。新人だからといって一律に安くは雇用できない

新人給料相場の載った『コスモポリタン』

インテリの間では「大方（すっきりして、おおらかな）」着こなしがよしとされる

日系企業の工場。パソコンのログは仕事と関係ないサイトばかりとか

こういうところで売られるのは工場から持ち出しの盗品も多い

「♪感恩的心　感謝有你～」、歌は欧阳菲菲。毛沢東も農民に歌って「盗むな」を教えた

美容院。ワーカー系には一緒に歌って踊る「手語舞」という教育が浸透している

ヨーロッパ案内中のガイド。旗は会社名ではなく「陳」

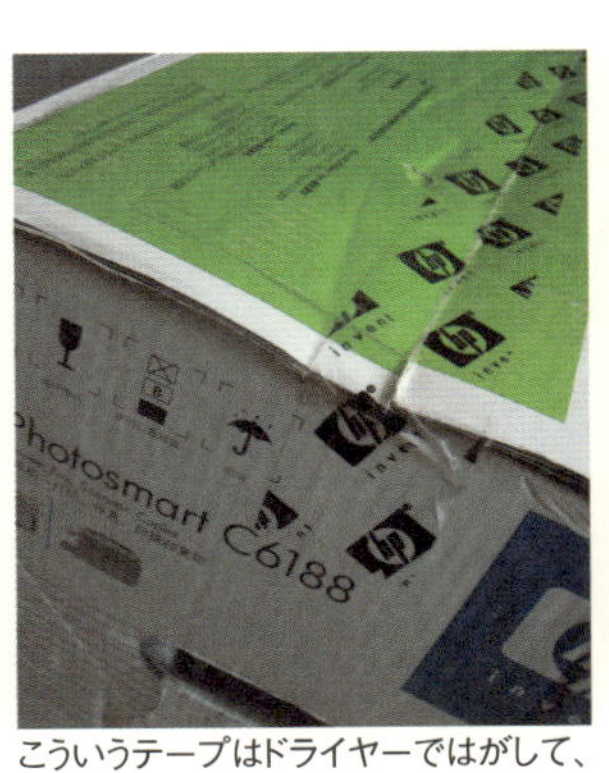

こういうテープはドライヤーではがして、部品を抜いてすりかえて転売する

海底捞火锅店で踊りながら麺を鍋に入れる少年。同郷の従業員たちが考えだしたサービスが当たった

国が崩壊しても平気な中国人・会社がヤバいだけで真っ青な日本人

目次

第1章◉不安定な世を生き抜け

第2章 ◉ 不安定な中国社会のウラを知る

粤L L0001

第3章 ◉ 中国に勝った人々

装丁　神長文夫＋松岡昌代
装丁・本文写真　著者

不安定な世を生き抜け

日本人が腹黒中国人に金を積んでも学ぶべき、たったひとつのこと

中国庶民の金ショップ

2015年、7月。

私は北京南部、広安門近くの菜百首飾（ツァイバイショウシ）という金売り場にいた。

ここは中国の庶民が金を売り買いする店である。

広いフロアは、光輝く金製品で埋め尽くされている。売られているのは、日本とちがい24金（純金）。世界中ですぐに換金できる。

指輪、ネックレス、ブローチ……、さらに嫁入り道具用の金製品、金の延べ棒と形を変え、他、ヒスイ、ダイヤと、5階まで続く。総面積は8800平米。

「要这个（ヤオチェイガ）（これ、ください！）」

「给我看一下（ゲイウォカンイシア）（ちょっと見せて！）」

7月は金の値段が3週間連続で下がった。

今頃が底値だろう、と見極めた庶民たちが、こぞって買いに来た。ショーケースの前で押し合いへしあいしつつ、店員とやり取りをする姿は、まるで夕方の野菜市場のようである。買い物の判断はみな、速い。

中国では金製品はグラム売りである。特に精巧な細工のものは、加工代が加算される。小さな小さな数珠状の一粒の「路路通（ルルトン）（路が開ける）」から、普通のアクセサリー、金塊まで、今の自分が買えるものをちゅうちょせず買っていく。レジに行列する姿は、スーパーでの買い物にそっくりである。

『千足金（チィエンズジン）　254元』

本日の相場が、あちらこちらに表示されている。

千足金というのは、99・9％の純度を表す。

この店が人気があるのは、金の純度にウソがないからで、北京に何千とある宝飾店の金製品は、千足金と表示されてはいても、たいていは不純物が混じっている。

ちなみに日本で主流の18金は純度75％。不純物の査定が難しく、海外で、いや日本でも簡単には売れない。

高くても財産にはならない。

菜百では、自分たちが売った商品は領収書さえあれば、基本的にリアルタイムのレートで引き取る。

自社の商品でなくても、中国のたいていの宝飾店は純金のアクセサリーを買い取る。

北京の鼓楼近くの昔ながらのデパートで、いかにも地方から出てきたという人々が2、3人で連れだって、金のアクセサリーを店に売っていた。街で何か、お金のいることができたのだろう。

陽に焼けた顔を緊張させてピアスやネックレスを店員に渡す。店員は店のガラスケースの上に大理石をおき、金製品をバーナーで真っ赤になるまで熱していた。

純金かどうかの、検査である。

金のアクセサリーは、身を飾るだけではなく、いざというときに身を守ってくれる。

中国は、今まで何度も国が崩壊してきた。

近代では、清朝が崩壊し、その次の中華民国も崩壊した。

昔の話ではない。今の60代後半以上の中国人は、全員、崩壊した大陸の中華民国生まれなのである。

北京で参加している老北京の歴史の会があるのだが、そこで中国人が、「ボク、民国37年生まれ（1948年。今の中華人民共和国建国は1949年）」と言って、笑わせてくれたことがある。

えーっ！　ウソでしょ、あ、そうか！　と、ハッと気がついた。

それまでも各王朝、すべて崩壊によって次代に替わっている。すなわち国の崩壊が中国の歴史であり、彼らにとっては、自国の崩壊ぐらい、慣れっこなのである。

今、国が消えても、富裕層はかわらず爆買いするだろう。

上：民国38年（1949年）の中国紙幣。民国はもう中央銀行では発行できず、国民党が逃亡した広州で発行。この年、大陸の中華民国はなくなり、4カ月しか使えなかった。下：1938年発行、戦争時に中国で使用されていた日本の軍票。どちらも紙くずになり、現在、タオバオで本物が100円ほどで大量に売られている

国が崩壊するとは、具体的にはどういうことか。

ある日突然、今のお金が紙くずになる、ということである。今なら銀行のＡＴＭからお金が下ろせなくなる。預金封鎖である。

治安は悪化する。暴動は起こる。政府機能がなくなるので公共サービスもなくなる。ゴミだらけの街の中、交通機関も動かない。流通が止まる。

そして食べ物がなくなる。ハイパーインフレになる。場合によっては海外に逃げなくてはならない。その時は崩壊した国のお金など紙くずで荷物になるだけである。

それよりはグローバルに換金性のある金がいい。

まず何より、国内での物々交換に使える。こういう国民が崩壊慣れした国は、実は世界で少なくない。

中国でこの菜百以外に金購入で信用があるのは、香港系の周大福や上海の老舗、老鳳祥だろう。ちなみに香港の周大福には、中国人観光客が観光バスを仕立てておしよせる。理由は税のあるなしである。無税の香港で金を買い、中国国内でうまく売れば、それだけでも利鞘が稼げる。

金、金、金……。

ガラスケースの中の金製品の意匠は、中国の文化そのものである。

龍、鳳凰、観音、菩薩、福の字……。不安定な社会の中で、自分や大切な家族を守ってくれる吉祥のシンボルたち。

金のプレートに描かれた帆船。「一路順風（イルシュンフォン）（順調に目的地にたどり着きますように）」

子供が生まれたら、銀や金の腕輪や長命鎖（チャンミンスウオ）というネックレスをあつらえる。厄除けの意味を持つ。

婚礼のための金製品はクジャクが踊るようなネックレス、イヤリング。女性の実家の権勢を表すごとく、それは豪華なものもある。

なかでも紫檀の宝石箱に納められた、おままごとのような金のお嫁入り道具は、新婦の母親の思いがこめられている。

小さな小さな純金の櫛。いつもきれいにして、婚家で可愛がってもらえるように。そろばん。家計をうまく管理しなさい。物差し。服を上手に仕立てられるように。如意棒。いつかは婚家の権力をひきついで。小さな小さな纏足(てんそく)の靴。どうしても耐えがたいようであれば、帰っておいで……。

嫁ぐ娘に対する思いはどの国も同じである。

そして困ったことがあれば対処できるように、そして婚家での身分があがるように、娘に財産をもたせるのも同じ。

日本でも、戦後の混乱期は嫁入り道具の和服が、農家で米や野菜に変わった。

しかし戦乱があればすぐ燃えてしまうような、持ち運びも簡単ではない「服」が財産になったのは、やはり日本が平和だったからである。

中国は崩壊、動乱の時は、常に村ごと燃やしつくされた。そして動乱が日常であり、皇帝ですら身一つで逃げることが当たり前だった。日常のリスクが日本とは違う。だから小さくて価値が高いもの。燃やされても残るもの。民族が違っても別の国でも換金できるものが財産となった。和服はインド人にもモンゴル人にも売れないが、金は売れる。
強盗に襲われた時、金の指輪を渡せば命が助かるかもしれない。
飢饉があったとき、金のイヤリングを売れば、とりあえずしのげるかもしれない。
もし山犬や狼のたむろする山中で路に迷ったとき、金のネックレスを渡せば誰かが家に泊めてくれるかもしれない。

婚家の姑が食事をさせてくれないとき、逃げて帰るにも金がいる。

「一路順風」
「運好转（ユンハオジュワン）（運が好転する）」

ギラギラした欲望。切り込みを入れて悪趣味なほど強調された金の輝き。他力本願。それは裏返して見れば、「運」などというつかみどころのないものにすがりつかざるをえない世界である。

拝金主義とか、エゲツないと言われるが、生き抜くことがすべてに優先する。

ふと、中国人のことがわかった気がした。

私は新卒で中国貿易商社に入社し、5年勤務ののち退職して中国のことを書きだした。

やがて中国に渡り、北京に暮らして15年たつ。中国とのお付き合いは合算してもう30年近くになる。

平均値で言えば、中国人の能力が日本人に勝ることは、本当にない。

仕事でのチームワーク、人の誠実さ、ミッション達成の確実性、長期的な視野を持つこと、全部日本人のほうが上である。

ただ、ひとつのことを除いては。

日本人が中国人に金を積んでも学ぶべき、たったひとつのことがある。

それは、不安定な世をいかに生き抜くか、である。

日本と中国、もっとも違うのは、この一点である。

安定の2000年の日本にたいして、4000年の戦争の歴史の中国。

日本は有史以後、一度も概念上の統治者が変わらず、世界最長の歴史の王室（皇室）を持っている。日本の皇室はあまりにも歴史の長い名門のため、財産の裏付けがいらない。

これは世界でも珍しいパターンである。イギリス王室は、国有数の金持ちである。

一方、統治者の民族すら常に変わり、政権が終わると王の一族郎党皆殺しにされた国。

中国は国の形も、コロコロ変わった。

逆に日本のように、国の形と民族と統治がほぼ島の形に重なっているほうが、世界ではまれなのである。ほぼ単一民族で民族抗争もない。文化も同じ。

今までの日本は本当に安定した、実に「変わらない」国だった。

今の50代以上の親世代は、変化を感じつつも、このまま変わらぬシステムの中で生きていくだろう。個人の能力は細かく査定されることもなく、人によっては逃げ切り、またはリストラにあい、それは本人の実力というより、運に左右される部分が大きい。

学校を出て、名の通った企業に入れば、ふつうの人ほど大船から降りないほうが、けっきょくは有利だった。

日本人はお茶を飲むのも、花を生けるのも「道」にする。会社勤めも同じだった。定番を守っていれば、いつだって解のある国だったのである。

しかし、これからの子供の世代は100%、違った社会になる。

偏差値の高い大学を出て、いい会社に勤める、という道は今後ももちろん残る。

が、今、企業で中堅の30代、40代は、生まれた時から日本が不景気だった人々である。

そして就職氷河期を経てなんとか職にありついた。

世界は変わっているのに、日本の企業は変わらない。

入社してからはオジサンたちが高給をとっているのを横目に見ながら、若手の人数が減っているつけを全部負わされた。激務なのに、ボーナスも未来のポストも足りない。

こういう人々はモノを考えるようになる。

彼らが権力を持つようになれば、もう、会社にいるだけの人に高給を渡したりはしない。そんな会社があれば変化についていけず、とっくにつぶれているだろう。日本史上で初めてオジサン利権がなくなる。

と、同時に、いままでの日本でいなかった、もしくは人目につかないようにしていた「全勝ち」の人々がたくさん出現するだろう。もうすでにかなり存在している。

すなわち、若く、自由でかつ金があり、社会的な身分もかねそなえた人々である。

今までの日本人は嫉妬心にふりまわされ、自由があれば金がないはずだ、安定があれば金はそこそこのはずだ、普通が一番だ、幸せだと洗脳されてきた。

そんなことはない。中国では、勝つ人は全部持っているのが当たり前である。

親も中国人なら、子供に昔ながらの立身出世を願い、もうれつに勉強させる。今の日本人とは違う。

私には子供がいないが、もしいたら、やっぱり大成功や立身出世は望まない。できれば好きなことをして、普通に人生を楽しんで生きてくれたらいい。

が、今後は、それが一番難しくなる。

これからは日本も、正解のない不安定な社会になる。

どこの会社に入れば正しい、ということもなくなり、言われたことをやって、和を保てばとりあえずは安泰ということもない。

政府とメディアと大企業の癒着は続くが、じゃあ、若者がいい学校からその輪の中にもぐりこめば一生何とかなるか、というと、もうならない。親の世代とは違うのである。できないヤツは追い出される。

じゃあ、ベンチャーで自分を鍛えておけばいいのか、というと、それもあまりに不確実だし、適性がある。

どうすればいいか、社会の変化が激しすぎて、読めない。それでも今、東大新卒の1割はベンチャーに行く。

ほんの20年前、携帯電話もネットショッピングも一般化していなかった。

海外とメールのやり取りをする人は極少だった。日本の大手製造業やナショナルフラッグのJALがダメになるなんて、誰も思わなかった。

銀行は名前も位置も永遠に変わらないと思われていたので、道案内の目印に使われた。

当時は母親が働くと、周囲から「こどもがかわいそう！」と壮絶な非難を浴びた。中国人が銀座に爆買いに来て、日本がそれで息をつくなんて想像だにしなかった。

変わらないように見える日本も、実は激変しているのである。

生き残る道はただ一つ、その時々で変化に対応していくしかない。

日本にもかつてルールに縛られない人々がいた。

中世に活躍した瀬戸内海の村上海賊たちいわく、

「船に乗るな、潮に乗れ」

船というのは、いつ沈むかわからない「場」である。潮というのは、目にみえない時代の流れだろう。

そしてこういうことが、一番うまいのが中国人たちである。幾千万の屍（しかばね）の上にきずかれた彼らのノウハウを学ばない手はない。

生命力を上げること

生き抜く基本のキは食である。

男の子にも料理を覚えさせよ。中国男はほぼ全員できる。中国人は男女共に、料理や家事は女の仕事というカースト発想にしばられていなかったからである。

男子もやったほうがいいのは、男女共同参画社会などという、気色の悪い言葉の実現のためではない。自分の生きる範囲を広げるためである。

自分でできれば、日本のみならず、世界中どこに行っても健康が保てる。しかも外食でも的確なチョイスができる。これからはサラリーマンでも、単身で駐在にやったらメタボになって帰ってきた、というのは出世できなくなる。

一民族の食というのは一つのシステムである。海外で暮らす時、欲望のままに現地食と折衷すると、長期になると体を壊す。

内陸にある北京も肉料理が多いが、果物とナッツ類が非常に豊富で安い。彼らは日本人の何倍も食べ、それでミネラルを補給している。それを日本食に近いからと、うっかり中国料理だけを食べていると、日本人が魚貝から摂取している亜鉛などが足りず、体がおかしくなってくる。

チベットでは野菜は取れないが、その分、お茶でビタミンCを補給している。日本人には癖のありすぎるバター茶を飲まないでいると、脚気になる。

中国人は海外で暮らしても、異様なほど中国料理に固執する。ヨーロッパツアーに行っても、食は全部現地の中国料理、という人も少なくない。頭が固いと思うときもあるが、食を守っているから、中国人は世界中にいるのかもしれない。

日本人のように仕事が忙しくて一食抜いたりはしない。冷たいものは食べない。収入からすれば食事にお金をかける。猿の脳みそでも何でも食べて、元気をつけるのである。

何より料理ができる方が絶対に女からモテる。女も一目おくからである。

中国人はメンタル面も強い。

遅刻は平気、謝らない、ウソはつく、自分勝手……、と腹の立つことは本当に多いが、とにかくクヨクヨしない。明るい。

深刻な事態を笑いとばす――というか、自分の力ではどうにもならない深刻な事態が多すぎると、ヒトはそうなる、ということを私は中国へ来て学んだ。

彼らは、まちがっても会社の仕事で過労死などしない。常に移動すること、逃げることを考えているからである。

私は思う。日本人も死ぬぐらいなら、「置かれた場所から、逃げなさい」。

老人も元気である。

というより、土地改革や文化大革命があり、元気なのしか生き残っていない、とは中国人の弁である。皆さんも中国旅行で広場で踊る中高年を見かけたことがあるだろう。あれは自衛手段なのである。

医療制度が日本のように整っていない中国の場合、老人が病気になれば、生死にかかわるものでも手術をすることは非常に少ない。医療費は天文学的に高い。９割の人は重病になったら、子供や孫に迷惑をかけぬよう、そのまま死ぬのである。

私は新聞に一つだけ書きたいコラムがある。それは「日本の老人も公園で踊ろう！」である。病院をサロンにして、医療費増大で孫子に迷惑をかけるより、その方が楽しい。新聞は日中ともに今や老人が主力読者だから、ちょうどいい媒体だと（笑）。

中国の老人は、男女ともによく働く。

子供夫婦が共稼ぎなので、孫の送り迎え、買い物（重いのでたいてい父親の仕事になる）、食事の支度、掃除・洗濯、全部やる。

田舎の両親に何年も孫を預けっぱなしの若者も多い。

日本の私の世代だと、30代で結婚、妊娠した。親に育児援助を頼んだら、「これからは自分の人生を楽しみたいから、孫を見るのはそこそこにしたい」と、断られた、などという話を結構聞く。日本の親はクールだな、と思う。中国人でそれはありえないし、聞いたことはない。

中国人は人の幸せについて、非常にストレートである。家族があること、子供がいること、お金があることがすなわち幸せなのであり、結婚しない、子供がいないなどというのは、もってのほかなのである。

都市部の若者はだいぶ変わってきた。

ひとりで職は2つ以上持つ

これが中国人と日本人の一番、違うところだろう。

中国人は、公務員であろうが、会社員であろうが、90%以上が別の仕事を持っている。大家さんであったり、本業がらみの密売！ であったり、または友達経由の商品販売や仲買をしていたり。

そもそも中国の政治家や高級官僚というのは皆、自分でも会社を持っている。そして本業での利権を駆使して、会社を上場させて大もうけしたりする。

後者は犯罪だが、収入を一つにしぼらないというのは、不安定な社会を生きる中国人の基本的なリスクヘッジである。

奥さんが働くのも、同じである。仕事が連れてくるのはお金だけではない。人脈と情報も連れてくる。中国の金持ちは、夫婦が両者とも表舞台で協力して財をなすのである。

北京ならば、いわゆる夫婦ともそこそこの大学を出て、名の通った企業に勤めるクラスならば、資産はたいてい数億を超えている。しかも若い。

今までの日本人のように、収入は勤め先だけ、妻は専業主婦では、けっきょくのところ奴隷と同じで、自由がないと中国人は思っている。

私もそう思う。

日本のサラリーマンよ。

業務の選択肢——自分が人生で何をするかを、奪われるな。

この不確実性の時代、仕事で当てたら、金はそのときにもらえ。経費が使えるなんていうおもちゃでごまかされるな。いつかポストがある、かもしれないなどという、不渡り手形をもらうな。で、フリじゃなくて、本当に当てようと努力せよ。

このあたり、中国人はズルがしこくて会社に支配されない。

今話題のマイナンバーは、このひとり複数職業時代の潮流を見据えて、実施されたものだろう。

一つの場に人生すべてを注ぎこんできた日本人の洗脳がさめるのは、今までは定年の時である。それではもうおそい。

夫婦とも職を持つ

今までは、日本は女性に長期の安定した職を与えないこと、まともな賃金を渡さないことで、幅広い男性に女性が行きわたるようにしてきたともいえる。

しかしこれからは変わる。

今後のエリート男性は、中国とおなじく、自分と同クラスの学歴、同クラスの職場や収入、社会的立場の女性を求めるだろう。

エリートでも一生安泰という時代ではないし、逆にチャレンジが要求されるようになる。妻にリスクヘッジもしてほしい。

妻に地位があることについての世間の目も、「夫をないがしろに」から「夫のステイタス」に変わる。自分の母親や妻の職業を自慢する中国人は非常に多い。そんな能力のある素敵な女性が、自分と一緒にいてくれる、というわけである。専業主婦志望の女性は昔と逆で結婚相手を探すのが難しくなる。今の30代以下の男性の考えは、私たち世代とまったくちがう。

今の日本の10代、20代は借金が増え続ける国に生まれ、一度も日本がいい時代を経験していない。そして10代で東日本大震災を体験した若者も多い。「情弱（情報弱者）」の中年以上と違い、これからの日本の現実を肌で感じている。

何も2人とも会社に勤めなくてもいい。1人が会社員なら、1人が起業や自営業というのはリスクが軽減され、かつ子育ても融通がきく。

中国でもこの組み合わせは多い。理財の才能のある妻は、金のわらじを履いてでも探せ、である。

私は別に女性も外で絶対フルタイムで働けとはまったく思わないし、そんなことは他人がとやかく言うことではないだろう。

ただ、今の日本は子供を持とうと思ったら、かたや転職（転社）の自由の放棄（一般的には男性）、かたやまともな収入の放棄（一般的には女性）によってかろうじて成り立つようになっている。

グローバル社会で、子供がいい仕事につこうと思ったら、これからは留学は必須、子育てには、ますますお金がかかる。この2、3年の円安で、留学費用は倍になっている。節約でどうこうというレベルではない。

男ならだれでも、家族を養うぐらいのお金がひとりで稼げるというファンタジーを維持するために、日本の会社は変わらなかった。序列こそがかつての日本を支えるシステムだったからである。男ならだれでも、女ならだれでも、我が社の社員ならだれでも……、という一律性でいろんな事が処理されてきた。

日本の男性は、優秀な妻が自分と結婚したというだけで、子供ができたというだけで、労働を単純労働のパート賃金に格下げされ、それが永遠に元に戻らないことにもっと怒ったほうがいい。都合がいいのは会社だけである。

男性も変わるだろう。先を見据えて妻も本格的に働くとすると、自分も毎日12時までサービス残業、などというわけにいかない。保育園問題も他人事ではなくなる。

昨今の日本では、一生、社会で働きたい、という社会的意欲のある女性の遺伝子は、ほとんど残らなかった。私の世代だと、社会でいわゆる「正社員」として残っている女性を見ると、その大半が未婚か結婚していても子供がいない。子供がいるのは公務員ぐらいである。

「オウチにいたいの」という女性のほうが昔はモテたわけで、すると生まれた子供が成長後、「仕事せずオウチにいたいの」というのも無理もない、かもしれない……。外で戦う男性性を教えるお父さんは、家にいなかったのである。

当時のメディアでは、少子化は全部、女が悪いとされ、その女性たちと同じ数の男性が子孫を持てなくなることは言及されなかった。

男性側の家族も総出で働くママを支えて、子供を手に入れた中国人の方が現実的だったのである。

男子というのは母親に似るものである。

強い子孫を残したければ、ガッツのある嫁をもらえ。

実力主義の不安定な世では、若いうちしか稼げなくなる。

中国人は2人で働くことが前提なので、早くに家を買い、10年ぐらいで一気にローンを返してしまう。社会の変動が激しいからである。

何歳になれば給料がいくら、などという指標は日本にすでにない。

会社の決めた給料表に基づいて、目的地から人生設計を立てることは日本ももうできない。一緒にその場その場の最善の判断を繰り返して、互いのリスクを軽減し、楽しい今を積み重ねていける人が、不安定社会のいい相棒なのである。

若いうちに勝負を決める

中国人の人生は勝負が早い。

独立起業でも日本人のように、「何年か、会社で実務を学んでから」「勉強してから」などということは考えずに、いきなりはじめてしまう。

これは正解か、間違いか。

父親もそうで、周囲に自営業者が多く、曲がりなりにも、23年間、個人自営主（作家はそうです）をやってきた私の意見は「正解」である。例外もあるが、基本、起業や自分で

何かをしたいのであれば、若ければ若いほど、いい。なぜならば、

1．どんな業種でも起業は体力である。初期、寝ずにやる時期がかならず必要である。もちろん起業はいくつからでも、マイペースでできるが、大志がある人は、若いうちである。周囲もチャンスを与えない。

2．机上の勉強も資格もムダではないが、ビジネスには直接は役に立たない。実践と失敗から学ぶのである。金を取らぬ作業は腕が上がらない。

3．若ければ安くて大変な仕事も喜んでできる。当たり前だが最初から「立派な仕事」はぜったい来ない。50歳の初心者にそういう仕事を頼む人もいないし、受けたほうもこなせるとはかぎらない。

私が文章がうまくなってからデビューしよう、完璧な作品を応募しようなんて思っていたら、永遠にモノカキにはなれなかった。

そして彼らは頭の柔軟な若いうちに、一財産作ってしまう。若い会社員でも成果を出せば高額の報酬をもらえることが多い。家も超ムリしてでも若いうちに買う。そして40ぐらいでリタイヤする人も多い。

伝統産業や昔のモノづくりであれば経験がモノを言った。しかし今、伸びる業種はもう違う。若さが勝負のものが多い。

若い時期に頭も使わない体育会的トレーニングと、決定権のなさで塩漬けにされる日本の会社は、優秀な中国人若者から敬遠されてしまうのである。

日本の成果主義は60代に牛歩戦術で延期、延期をくりかえされ、実施されても給与をディスカントする方向にだけ走ってしまった。本来なら給与が下がる人が出るのと並行して、ボーナス1億円！　の人もたくさん出ていいはずだが、外資やすでに役員でないかぎり、聞いたことがない。

実は中国人でも、日本社会にいることが長くなるとこの感覚を失ってしまう。

80年代に留学し、日本語も堪能で北京の日本の会社で働いている中国人いわく、

「親戚夫婦が大学を出てすぐ起業したいと相談してきた。私は反対した。まず企業に勤めて、仕事を覚えて、コネクションを作って、それから……」

非常に日本的な、常識的な答えである。

しかし彼らは起業した。そして3年ほどで上場して、大金持ちになったのである。

「私の言ったこと、全部まちがいだった！」

一方、この中国人より年上でも、ちがう答えの人もいる。現在60代のある女性は、

「清華大に通う娘には、大学時代に起業すれば？　と勧めているのよ。今なら、失敗しても私たちが助けてあげられるから」

こういう考えの中国人は多い。

私が独立したとき、いろんな業種の独立経験者が「目安は2年」と同じことを言った。2年持ちこたえられたら、だいたい何とかなると。

父もふだんから「いつでも2年分の生活費は持っとくことやな。だいたい何でも2年あったら何とかなる」。

若かったので、最初は（そんなかかるのか！）と天文学的時間に感じて、逆に2年で目鼻がつかないようであれば、文筆業はやめようと思っていた。処女作の出版が概ね決まったのは、会社を辞めて2年余り経った時である。

日本も最近、高校生、大学生の起業家が出てきている。

会社にいるが、心は自分商店の「ニセモノ・リーマン」

中国人は会社など、自分専用のビジネススクールぐらいにしか思っていない。

だから優秀な社員ほど、学ぶことには熱心である。「会社のお金で」やった教育が自分の財産になるからである。

いや、美容院の見習いの地方出身少年少女でも、夜12時を過ぎてから行われる研修に毎日、熱心に参加している。

昔、私が会社をやめようと思ったとき、ハタと気がつくことがあった。5年も働いて、じゃあ自分で貿易会社ができるほど、いや、せめて個人輸入のプロになれるぐらい中国貿易に精通しているか、というと全然そうではなかった。

会社では社長賞（中内㓛、ダイエーの社長からだった）ももらったし、部下も同期の男性より多くて営業成績も悪くはなかった。が、それでも自分でやるとなると何もわかっていなかった。利益に対する要求も甘い。

よく5W1Hというが、それに加えて実はWhose Money（誰の金で）というのがビジネスの鉄則である。が、このあたりの突っ込みと計算は本当に弱かった。

一方、同僚として働いていた中国人たちは、男女ともに一番最初から、常に独立、転職を考えて仕事をしていた。業務は日本人のようにまじめにはやらない。自分の力をつけることだけに熱心なのである。しょっちゅう「自分の友だち」や「自分の親戚」の会社の商品を持ち込み、取引ができないかと上司に打診していた。

つまり会社の資本で一儲けというわけである。

公私混同ではあるが独立できる、もしくは他社に行ってすぐ役に立つのは、実は中国人のほうである。日本人は自社のシステムに依存しすぎて取り替えがきかない。

自分の甘さを悟った私は、独立に備え社内でパソコンを練習することから始めた。それまで、やってくれる人もおり、なんだか怖くて（！）、さわったことがなかったのである。

突然、モニターに向かったら、珍しいものを見ようと、周囲には人だかりができた（笑）。そんな私も今や、自分でパソコンを分解修理し、キンドル本をすいすい作れるようになった。人間必要があればできる。

生き残るために、今日から、会社を辞めて独立するつもりで働く。逆に言えば、そんな人を会社は放さない。

仲間を作る

中国人は集団で転職していくことが多い。

一人でできる仕事、というのは限界があるし、たいていの仕事はチームでやるものである。気があった仲間ほど生産性が高く、またたくさん連れて行くほど、相手先での待遇がよくなるからである。

中国人は職場以外にも複数の圏子（チュエンズ）（仲間）に属している。悪事の仲間ウチなことも多いが、ビジネスの帮（バン）（相互扶助集団）であることも多い。

実は日本も戦前はそうだった。会社員の転職率は高く、技術者などは集団で移動していった。国も会社も頼れない時、頼れるのは自分の仲間のみ。

日本もまたその時代が来たのである。

そして一度なかよくなると、彼らは実によく時候のあいさつやプレゼントをくれる。

旧正月のみならず、端午節（日本でいう5月の節句）のチマキ、中秋節（秋のお月見）の月餅、クリスマス、元旦……、携帯のショートメールは個々に書いたものも、一斉送信のメールもあるが、これだけで次、何かを頼んだり、頼まれたりしやすいものである。

昔、年賀状を出そうかどうか迷っていた私に、商売人の父親は言った。

「迷ったら、出しときなさい。年、50円のお付き合い」

そしてもっと濃い本番のお付き合いにかける彼らの情熱は凄まじい。旧正月の前から礼（リー）品（ピン）（プレゼントだがすなわち賄賂の意）の購入に走りまわり、春節3日は挨拶まわりに明け暮れる。飲んだり、賭けたり、遊んだりと、徹夜のお付き合いも多い。

昔、仕事相手の男性から、

「どうして女性というのは、どこに行っても、夜、パタパタ顔の手入れに余念がないんですか？」

と聞かれたことがある。

「財産の保全をしてるのよ」

と、私は答えた。それと同じで中国人も、つねにコネクションという財産の手入れをおこたらないのである。

一次情報を取る

東日本大震災のとき、脱兎のごとく、東京から逃げたメディア関係者がけっこういた。ちなみに林真理子さんも娘を連れて逃げたと、エッセイに書いてらした。

情報が入るからである。

で、当然ながら（！）、社会に大きく混乱を引き起こす情報は、実際は報道はされないことがしばしばある。

敗戦のとき、満州から引き揚げてこれたのは、民間の上層部だけである。

企業や役人の幹部とその家族を満載した列車は、一般の日本人がホームで待つ駅に止まるはずが、止まらなかった。大荷物を抱え、子供の手を引いたお母さんの前を列車は通り過ぎて行った。子供の何割かは、死んだり残留孤児になった。

日本人は、世界で一番、マスコミを信じる国民だそうである。それはやめたほうがいいと、片隅に20年いる私は断言したい。特に企業と男性に不利なことは、日本のマスコミは載せない。

載せないどころか、新聞は株で素人にババをつかませるために逆情報も流す。

シャープも負け色がすでに濃厚だった2014年秋、日本の新聞は中国需要で液晶が好調と書きたてた。日本の液晶がないと、中国メーカーは携帯が作れないとまで言った。これはウソで、中国メーカーは初期、ローカルの低品質の液晶で、とにかく安いスマホを作り当たったのである。

需要が広がり、中国人の経済力も急激に上がり、日本の液晶を使えるようになった。つまり実際はシャープも中国メーカーの部品の下請けになったにすぎず、それはいつでも切られるし、そうなると設備投資の借金だけが残る。しかも部品は利益は薄い。

かつ液晶の日本人技術者は中国企業に大量にひきぬかれており、パクリとはいえ中国が自力でそこそこのものを作れるようになるのも、企業の経営不振が一般にバレるのも時間の問題だった。

ファンドや金融などの玄人は手をひいた。が、それでは株価が下がる。

一般人に買わせるために、新聞は中国需要を書きたてた。素人が買う頃には相場は終わり、の典型である。中国（外国）はこの手の情報操作によく使われる。中国で○○が売れているると書かれたら、その社は実は落ち目なことも多い。

そして不祥事と負けが明らかになったとたん、今度はそしらぬ顔で企業を叩いて見せる。中国は不況でスマホの需要が落ちた、と日本人に耳触りのいい言い訳もする。

実際は中国のスマホはアフリカや中東への輸出が増加中である。北京の京東方という液晶メーカーは、工場の増設を繰り返している。世界にはスマホの液晶の反応が多少にぶかろうが、安いほうがいい国がたくさんある。

中国にいると、日本が不思議の国のアリスの、「さかさま国」に見える時がある。

まともに取材して書くというのは、当たりハズレもあり非常にお金がかかる。

さらに日本の記者の給与は、先進国の中でも突出して高い。

つまり、そのコストの高い成果がほぼタダで享受できているという時点で、読み手はもっと眉つばでもいい。どこの国でも、昔から同じである。

「今のアメリカで報道の自由などというものは存在しない。記者のうち、誰一人として正直な意見を書けるものはいないし、もし書いたとしても、それが決して新聞に載ることはない。私は正直な意見を新聞に書かないことで給料をもらっているしみなさんも同じだ。万一、本当の考えが新聞に掲載されようものなら、24時間以内に、私はクビになる。ジャーナリストの仕事は、真実を壊し、公然と嘘をつくことであり、判断を誤らせ、中傷し、金持ちの足元にへつらい、自分の国と国民を、給料のために売り渡すことである。

みんな知ってることで、報道の自由に乾杯などアホである。

我々は金持ちたちの道具であり、召使いで操り人形のように糸をひかれて踊る。我々は知性の売春婦なのだ」(ニューヨーク・タイムズの記者、ジョン・スウィントン。1880年、プレスクラブの「報道の自由」についての乾杯でのスピーチ)

どこの国の人も、新聞なんてそんなものだ、ぐらいに思っているのに、日本人はヘンなコラムを書きうつしたりして、まじめすぎる。

その間に、列車は止まらず、目の前を通り過ぎていくのである。

中国人など、政府の発表や報道などハナから信じていない。

だから彼らは、友達を作っては大事にして、食事をする。その席はたいてい、個室のレストランである。

北京に来て知り合った、官僚系の友達のグループに、ごく普通に入るまで、10年かかった。――そこで交わされる株は来週どうなる、為替がどうなる、という話は、ほぼ100%的中(というべきか)する。

中国の株は、インサイダー取引が大半といわれているが、うなずける。2015年前半は、中国も株が暴落していたが、それこそ「幹部」は皆、売り抜けていた。

それをやれとはいわないし、私もしないが、別に株の話でなくても、うまく生きるための、さまざまな情報はやはり人を介してやってくる。

それに何より、早い。

たとえば2015年11月にパリで大規模なテロが起こったが、当日の朝、起きたら微信（中国のLINE的なSNS）の華僑の友だちグループでは、その情報が満載だった。

あまりの惨状に、本当かどうか疑ったぐらいである。私だけが知らないエイプリルフールのようなゲームじゃないかと。日本のネットのニュースで見たのは、半日後だった。ビジネスニュースもそうだろう。

また私は、勤めていた中国貿易の会社での体験を書いてデビューしたが、実際に形になったのは、会社を辞めて3年後である。

以後、タイムラグに注目しているが、いわゆる「業界なら周知のこと」が、メディアで話題になるのは、だいたい3年後である。日本は特に遅い。

普通に働いていたら、生活はまちがいなくジリ貧の時代である。中国人は、ごく普通の若者でも経済——すなわち損得——に非常に敏感である。経済は情報で動く。

国の変化の時に、富をつかむこと

この15年、中国での一番の確実な投資は、不動産だっただろう。

しかし、私もできていない。――実は買いに行ったがうまくつかめなくて……、という話は不動産のところに書いたが、どんなに中国滞在が長くても、日本人単独でこれができた人はいなかった。

日本人でやれているのは、99・9％中国人と結婚している人である。つまり名実ともに、中国人の「自己人（ズジレン）（自分と同じぐらい大切な人）」になった人々である。

今の日本人は、しょせん、渇望が足りないため、チャンスを見過ごしてしまう。

思えば、中国で暮らし始めた15年前、駐在員の日本人は、現地の中国人と結婚している日本人（主に女性）を見下していた。

日系企業の面接に来た、そういう日本人女性に、

「あんたは中国人と結婚しているんだから、賃金は中国人といっしょでいいね」

と言いきった、大手の採用担当者すらいる。

今、彼女たちの家庭は、99％、日本の駐在員より金持ちである。

あの一般中国人がこぞって貧しい時代に、「日本人女性」をゲットできるような男性は、基本的に甲斐性があった。仕事にプライドを持てず、心の支えは肩書と給与とマンションのグレードなど人からもらうものばかり、というタイプの日本人に、勝ち目はない。彼らは餓えを知っているからである。

差別は金ではねかえせ、というのは、中国人の心の中にはかならずある。

そして駐在員の大半は、雇用している中国人社員たちの多くがすでに自分たちより財産があるということに、まだ気がついていない。聡明な中国人は、そんなことを口に出さず、日本人の偏見を逆手に、会社から金をむしり取っているからである。

くどいようだが、日本男よ、実力で飯を喰え。

自信がないから、ムキになってマウンティングしようとする情けない姿をさらすのもいる。まじめに一生けんめい働いている人は、そんなことはない。

『世界一愚かなお金持ち、日本人』（マダム・ホー、ディスカヴァー携書）によると、どこの国でも一番確実に、簡単にお金を稼ぐ方法は、その国の政府がやっている金儲けと同じことをするそうである。

不動産と株……。中国でもまさにドンピシャであった。

私はアンティークが好きだが、これが一番流出するのが、政変の時である。つまりそれまでの支配者層が変わるからである。日本だと明治維新と戦後だった。
国の変革時、高度成長時には、一財産作るチャンスがそこらじゅうに落ちている。

海外にルートを持っておく

一昔前、いや今でも中国の地方都市で日本人だというと、実は大歓待を受けたり、友だちになりたがる人も多かった。

この背後には、海外にルートを持ちたがる中国人の気持ちがある。

今なお、中国人の夢は外国籍を取ることと出国である。海外留学生も中国本国に帰ってくるようにはなった。が、その現実は現地で就職できず、ビザの更新ができなかった人が多い。一度知った自由は、なかなか手放せない。

何より中国国内にいても、自分の財産のみならず、自分自身の安全の保障すらないのである。何かあれば問答無用で拘束される。

海外移住するには、手助けがいる。家を探すのも職を探すのも、いきなり行ってはできない。中国の富裕層が子弟を留学に送るのもその一歩である。それができなければ外国人の友だちが欲しい。子供が留学した時に、何かの役に立つかもしれないではないか。

そこまで行かなくても、生の情報が手に入る。

海外に長期居るとよくわかるが、日本はかなり情報統制されている。

私は2001年に中国に渡ったが、すぐに起こったのが、9・11の事件である。ビルから人がパラパラ降ってくる写真を一面に使った中国の新聞と、あまりにお子様向けのソフトな表現の日本。東日本大震災も、原発建屋が大爆発する映像は日本では公式にはほとんど流されなかった。世界中の人が見ているのに、日本人だけが知らない。

海外での日本企業の不振も、七曲がり、八曲がりして、10年ぐらい後に伝えられる。

たとえば「中国で日本の○○が売れている」という記事は、9割が本当にウソである。広告タイアップも株価操作も多い。

また怖いのは、個人の顔を隠し事実の顔をして大量に送られてくる情報である。日本人に世界を誤解させ、日本を誤解させ、判断をあやまらせる。

つまりは無責任なのだが、中国化した私はこうも思う。

「騙されるほうも悪い！」

タダの情報や、キャバ嬢のように心をナデナデし財布を開かせる甘い言葉、ヨソの国はもっと大変だよ、と不幸な自分（！）を一瞬忘れさせる話に耽溺（たんでき）するかしないかは、本人次第である。

日本人男性がなぜか特に好きなのが、「女は不幸だ」という物語である。もしかして、本当は不幸な男の自分を投影している？ と思うときがある。それに合わせた「商品」がたくさん送り出されているが、現実はちがう。

風水を重視する

冒頭の金製品の吉祥物もそうだが、中国人は非常に縁起を担ぐ。

中国の普通の商店で、鉢に入った金魚が泳いでいるのを見かけた人も多いだろう。あれは実は水を動かし、お客を招く風水である。風水は、家を建てるときだけではない。

その他、日常でもマイナスな言葉は、縁起が悪いと口にしない人が多い。

またヒスイ、水晶などのパワーストーンにも凝る。地から出てくるものを身につけて、そのパワーを借りるのである。かの羽生君もよく見るとパワーストーンのブレスをしている。勝負事にはやはり何か効き目があるのかもしれない。

携帯や、車のナンバーも大金を払って「8888（発（ファ）——発財（ファツァイ）。儲かるの意で発祥地の広東語だと発音が近い）」などの番号を買う。ババババ（バ）ーという音を重視するのである。

もともと中国皇帝は、天、地、人のすべての力を借りて、国を治めた。北京という都市自体が、巨大な風水構造なのである。

生きるとは本来、一寸の先も見えない不安定なもの。そしてこの大地において、人の努力など、ある意味、たかが知れている。

その歴史上、会社どころか、国すら常にあてにならなかった国。あてにならなかったから、国も会社も頼らない。

だからこそ、彼らは家族を何より大切にする。そして働けるものは皆働いて、一家総出で子供を育て、教育に力を入れる。

中国人はエゴイストだが、家族に対しては驚くほど無私だったりする。

先には挙げなかったが、彼らの一番のリスクヘッジは血族である。いろんな状況を見てきたが、1000万円、2000万円の踏み倒しぐらいでは関係が壊れたりしない！

家族、親戚間でありとあらゆる融通をきかす。

以前、日本のネットの相談で、「海外駐在です。日本に残してきたマンションに、夫の姉（離婚して子連れ）がいつの間にか住んでいます。耐えられません」というのがあり、たくさんの日本人が「それはありえない！」「ひどい」と回答を付けていた。

しかし中国人なら、9割が「ん、で、それの何が問題なの？　ま、仕方ないんじゃない。住んでいないときはいいでしょ」である。

で、そのお姉さんはお礼も言わないだろう。

それが中国社会である。

私もどちらかといえば中国人派である（もちろん、人の家にかってに住むわけではないが）。しかし最初からそうだったわけではなく、中国に来て変わった。

彼らは友だちを大切にし、情報を得て、何がなんでも財を得て、今だけを見て、世界のどこででも生き延びていく。日本社会など比べ物にならない不公平の中で、何でもする。組織も人もまったく信用しないかわりに、裏切られたなどと湿っぽいことは言わない。腹を切らねばならぬような、主義主張も持たない。

その場、その場で意見を変えて、状況を見ては波に乗るがごとく生きる。日本人から見れば、くらげのような頼りなさだが、だからこそ、それぞれオレは、ワタシはこれはやらない、という自分基準を持っている（もちろん何だってやる、という基準もある）。

それはけして、人や組織から与えられたものではない。誰も何も支えてくれないこの世界で、自分の自我だけが頼り。だから中国人は悪いヤツだが強い。

これからの日本は、会社も国も、もっとあてにならなくなる。日本人の一所けんめいは、その一所がなくなった時、もろい。

そんなとき、そのあてにならない歴史が４０００年の中国人の生き方は、参考になるのではないだろうか。

崩壊慣れしている人々——日本が中国難民であふれる日

で、中国はいつ、崩壊するのか?

日本に一時帰国する。

で、書店に立ち寄る。そこに並ぶのは、

「中国大崩壊!」「2015年に中国は崩壊する」「中国経済は崩壊寸前!」「中国の終わり」といったたぐいの本である。

その崩壊寸前国から来た私は、目が点になる。で、つぶやく。

(しないよ。そんな簡単には。人、多いんだから。北朝鮮だって、まだしてないんだから)

これ、著者の方々に聞きたい。

「で、それはいつですか? 2年以内だったら、私、しないに100万円賭けますけど、のります?」

100人が100人、絶対、逃げるだろう。数字を挙げてどうこう言っても、それで言うならもう10年前に崩壊していないとおかしい。

これ、個人で書いている分はまだいい。顔が見えれば、ああ、○○さんの極論だな、そういう意見もあるな、と思える。が、怖いのは、名前を出さず、○○新聞社編などとしている分である。

私は会社のビルが飛行機に乗って中国に行って取材したり、キーボード叩いたりしているのは、見たことがない。「会社」に取材や執筆はできない。責任をビミョーに逃れながらあおるだけあおる。

勃興してきたヨソの国をもうダメだと語る。衰退する一方の自国と自分の生活から目をそらさせる。麻薬のような一時の心のやすらぎ(?)を与えてあげる。

そういうふうに人の心をナデナデしてあげるのも、たしかに仕事の一つであろう。

何年か前、某大手出版社の役員に言われたことがある。

「オレたちね、中国はもうダメだーとか、中国は崩壊する! なんて聞くと、胸がすーっとするの。だからそういう本を書いたら?」

「ヤです。私はそう思ってないから」

私はそういう人生終わったタイプの中高年向け文筆マッサージ嬢はやらないのである。

一国の崩壊とはそんな簡単ではないし、願望と現実をごっちゃにしてはいけない。「崩壊してもおかしくない」と、「現実に崩壊する」には、1万光年の距離がある。

腐敗でめちゃめちゃだった清朝も崩壊するまでには、何十年もかかっている。

残念ながら？　現在、中国は世界第二の経済大国で、崩壊するにも時間がかかる。長期（10年ぐらい）で見れば、崩壊の可能性はあるが、ここ2、3年で崩壊するか？　と言われれば、中国現地に15年住んでいる私は、しないと断言する。

賭け金オッズでいうならば、2年なら崩壊しないに100万円、5年なら70万円、10年なら30万円という感じだろうか。

中国と仕事でかかわっているビジネスマンでも、

「中国なんか崩壊するよ。崩壊してしまえ」

という。

キツイようだが、私にいわせれば、これはしょせん、損失に無責任でいられる日本のサラリーマンの愚痴である。中には中国で小さな事業をやっていてもいう人もいる。

で、中国が崩壊したら、どうやって社員に給料を払うんだ？　駐在員でも自分の会社の業績、バカ落ちするよ。自分だってクビになるかもしれないよ。

そもそも中国が崩壊したら、社食もコンビニ弁当もファミレスも回転ずしも値段が倍になるし、１００円ショップもなくなる。そうでなくても足りない日本の若者が農業、漁業に行くのか？　まあ、地場消費が増えていいともいえるが……。

あ、私の仕事は商売繁盛になるな、だからメディアは崩壊、崩壊と叫ぶのか。

つまり多くの人は、崩壊をリアルに想像していないのだと思うが、大殺戮が起こる。そんなに人の死ぬのが見たいか？　もちろん中国の民主派だって、現政権打倒は死ぬほど考えている。自分たちの国なんだから。

しかし犠牲を秤にかけると時期尚早というところだろう。

そして、（ありえないが）次にあの地に民主国家が誕生すればそれは強大となり栄えて、日本はもう中国の恩恵は受けられなくなる。

正直なところ、中国人の大半がオレ様で人と協力するということを知らないから、彼らのベクトルは全部「自分」にむかっていて、「公」がないから、会社も国もほろんで、日本は属国にならずに来たのである。

人民元が国際通貨認定

日本人がなんとなく「中国は崩壊する」を信じているうちに、人民元は国際通貨基金（ＩＭＦ）の特別引き出し権を手に入れた。

ＩＭＦはもともと経済事情が悪化した国に貸付をして、世界通貨と経済の安定を図るのが業務である。その資金は各国持ち寄りだが、現在の中国の比率は4％で世界6位（２０１２年。日本は6・56％で世界2位）。今後、中国は世界3位になる予定である。

つまり金もたくさん積んでおくし、多少のことがあっても、そのときはＩＭＦが支援しますよ、というお墨付きで、事実上の国際通貨認定に近い。世界から見れば、崩壊どころか人民元の安定度は高まっているのである。

逆に債務高でいえば、アメリカも日本もいつ崩壊してもおかしくないのである。していないのは、「信用」のおかげといってもいい。

正直、中国や人民元は、信用があるというより、規模が大きくなりすぎて、世界からすると、そんな簡単に崩壊させるわけにはいかないのである。

ひとの国が崩壊しそう、という話を喜んでいるうちに、自国の税金はますます高くなり、格差はますます広がっている。今のサラリーマンの8割は、働いても働いてもぜったいに暮らしがラクにならない、昔の小作農に近づいている。年金も立ち行かなくなれば削減だろう。

今も水面下の公共事業でたっぷり潤っている大企業と、そこの広告に支えられたメディアにノセられてどうする。

中国が崩壊しても、日本人の生活はよくならない。

日本の常識が、通用しない国

東京で小さな会社をやっている上海人の友だちがいる。

もう日本には十数年住んでおり、日本語も堪能である。

で、その堪能な日本語でぐちるのが、

「私は日本の経済評論家に文句を言いたい！　中国はもうダメだとか、もっともらしいことを言う。私は信じているうちに、上海の友だちの中で一番ビンボーになってしまったじゃないか！　みんな今、億万長者なんだよ！　どうしてくれるんだ」

その嘆きっぷりに、いつも大笑いしてしまう。

たとえ中国人でも外国に長期いると、この国がわからなくなる。知人のアメリカ国籍を取得した中国女性は、オリンピック前に北京のマンションを売ったことを後悔していた。

「まさか、まだ上がるとは思わなかったのよ」

そう。独裁国家であり、そして人口が多く、他国とは違うのである。

経済はたしかにめちゃくちゃだけど、そのツケを回せる人口が多い。

日本は人口が少ないから、そして個々の生活レベルがまだ高いから行き詰まっているのである。

中国だと、まだまだ1日14時間、立ちつづけで働いて、最低限の食事と安いスマホ一個で、相部屋で暮らしてくれる20代が沢山いる。

そういう人たちの生み出す富の95%を世界で有数の高さの税金や、高い家賃の住居や、低賃金でピンはねすれば、不動産や株バブルのつけを薄く均してかぶせられる。

中国の彼らは、「働いたら負け」と言って、ニートにはならない。働かないと故郷の母親が本当に餓えるからである。安い賃金を貯めて、小さな悪事をして、故郷に金を送る。

2000年代からの経済発展の初期、中国は国内の金利を上げることによって、外貨を呼び込んだ。いくら金利が高くても、為替相場が変わって目減りしたら投資元はおびえるが、それは元をドルとリンクさせることで回避した。

ドドドーと外貨が流れ込み、経済発展の基盤ができ、そして不動産と株が異様なまでに上昇した。まさに国自体が、やらせの株のようで、「今の業績はいい、これからはもっと上がる」という情報を振りまいて金を集め、実態がバレて投資が引くまでに、奴隷のような人々を働かせて実態をつくろうとした。

言葉は悪いが、国家とは、お女郎がどれだけいるかで利益が決まる遊郭のようなもの。中国は安いお女郎さんがまだまだ多いのである。

最近は、中国も地下に住んでいた人（出稼ぎの農民や低所得の都市住人がマンションの駐車場の隙間やトイレの隅、物置など地下に住んでいた）が、賃金が上がって地上に住むようになったので、家賃が上がった、という話もあるが……。

逆に言えば、日本は「おもてなし技術」のある銀座の高級クラブだった。が、若いホステスさんを補充しなかったので、さびれてきている。

日本国内だけだと客も年寄りなので、ごまかしがきいたが、グローバル社会だと、皆、活気あるピチピチの新興国に行ってしまう。

そしてこの20年、中国のピチピチの彼らはよく働いた。そして彼らの生み出した利益の9割は、不動産の上昇に当てられた。

このまま若年人口が減れば、いくら人口の多い中国でも破綻である。

しかし中国政府はなんと、一人っ子政策を解除の方向に向かった。そういうことを決めるのに、会議も国民投票もいらない。恐るべし、独裁である。が、独裁よりもっとすごいのは中国大衆で、知人の北京のインテリ女性は、数年前に国に隠れてふたり目を産んだ。

「そのうち、絶対法律は変わるわよ」

この強さ、国と国民もキツネとタヌキのだまし合いである。

一方、大卒者の増加とともに、都市のホワイトカラーも急激に増加している。当然ながら、中国のワーカーもホワイトカラーもふつうは結婚して、子供を持って、ローンを抱えて、街なら満員の地下鉄に乗って溜息ついて通勤しているのである。残業でアホほど遅くなるのも今は日本とまったく同じ。

もちろん日本人とおなじく、いや日本人の100倍ぐらい国や政治に不満はたくさんあるが、とりあえずは家族の幸せ、自分の生活の安定が大事。

今月、革命が起こって、来月の給料がなくなったり、手持ちのお金が紙くずになったら困るのである。

子供の入試も控えてるし、塾は高いし、でもピアノもやっぱりやらせたほうがいいし。暴力による資産の取り合いで勝つのは、オレのようなまじめなサラリーマンじゃないな。

共産党にはうんざりだが、暴動なんてリスクの高いことをするより、もっと稼いで、いつかは海外に家族ごと逃亡だ。でも家買っちゃったし、売れるかな……。

こういう都市の中産階級を増やしたのが、今の中国の安定政策といえばそうだろう。

中国は各王朝、いつだって最後は腐敗で自滅してきた。だから習近平が腐敗撲滅に頑張っているように見せているが、彼も家族ごと利権の中、というのは中国人なら皆、理解している。

習近平一派が汚職撲滅に名を借りて、けっきょくはその利権を自分たちのものにしていると思っている中国人は多い。

中国難民が日本に押し寄せる？

そして何より、皆さん、忘れている大きなことがある。

今まで中国人に「脅されて」、一番怖かったことはなにか。

そのときは、日中開戦の可能性の話をしていた。私は日本が勝つ、と論破した。

すると、相手の中国人は、

「そうだよ。日本が勝つよ。中国の軍備なんて実力ないよ。でもね、そうすると1億ぐらいは難民が日本へ行くよ。どうだ、怖いだろう！　日本の沿岸は中国人だらけだよ」

……そ、それは怖い。

日本は中国に戦争に勝って、現実で負けるのである。

何より、恐ろしいのは彼らが「難民する」可能性を、ごくふつうに思いつくところ。日本人なら「置かれたところで、死にました」である。

なぜ日本なの？　と聞いたら、

「近いし、豊かだし。社会は安定していて、ワーカー層にもできる仕事はあるだろうし。あと、薬も医療もいい。中国の周辺国は皆貧しい。あとは韓国ぐらい？　でも小さいから」

「……」

中国難民は武器など持ってこない。

武器のある人は現地の土地を占拠している。だから持たざる人々が、ただただ船を仕立てて、その辺の漁船とか全部で押し寄せる。

日本は海岸線だらけ。そこへ、亡霊のようにわーっとみんなでいっせいに来る。

それを機関銃掃射は日本人はできない。中国の他の国境沿いの国は、どこの国も軍隊を持っておりちゅうちょせずやる。だから難民はよけい日本に集中する。

今は船の性能もいいのである。

もともと中国は崩壊を繰り返してきた国で古代国家の時代から、大量の難民を他国に送り出している。

日本に来なかったのは、日中間は海流と台風が激しくて、昔の船では物理的に来れなかっただけである。

当時の外務省海外研修で中国に行った、阿部仲麻呂を思い出してほしい。

「天の原　ふりさけみれば　春日なる　三笠の山に　いでし月かも」は、帰れなくなった日本を思って、中国で読んでいる。

ムリに帰ろうとしたらベトナムまで流された。

また中国は広大な国に見えるが、意外と人が住める場所は少ない。水があり、平野があり、穀物が育つ地域は全体の3分の1ほどである。

さらに逃げる場所はもっと少ない。

中国大陸からシベリアに逃げようにも寒くて死ぬ、モンゴルや西部に行くと水がなくて死ぬ、チベットに行くと世界の屋根と言われる高山で死ぬ、日本側に渡ろうとすると、昔は海がよく荒れて死ぬ、だから季節風で送迎してくれる東南アジアに大量に中国難民が流れた。

東南アジアには、中国人が奴隷としてもたくさん売られている。もちろん官僚もビジネスマンも行っている。

ところが中国人の生命力は、ご存じの通りである。

彼らは何世紀もかけて現地で財をなし、東南アジアの経済は、事実上中国系に握られた。基本的に貧しい国々で、中国人が今からこの地域に渡ると現地の華僑の奴隷になるようなもの。シンガポールは豊かだが、まさに「点」だし、機関銃掃射をやるだろう。

それでも東南アジアに渡る中国人も多いだろうが、日本や日本環境が好きな中国人はかなりの数、いる。そもそも、他の周辺はロシアもモンゴルもインドもミャンマーもチベットも皆貧しいのである。そこでヨソ者として、いっしょに餓えるのか。

船にエンジンなどついていなくても、道具を徹底的に使いこなすことについては超人的な彼ら、スマホにバッテリーをつけGPSにして、日本にやってくる。

威嚇射撃ぐらいでは帰らない。もっと怖い戦乱と飢えの中から来るんだから。

送り返すって？

連絡する政府はない。崩壊しているんだから。で、送り返しても送り返しても、また来る。

もう日本は外国人の移住許可が難しくて、なんて言っている場合じゃない。

公園も道路もビルも空き家もいたるところ中国人だらけ。慣れた様子で路上で煮炊きして暮らしている。池のカモやアヒルは、皆捕まえて喰われるだろう。

冗談ではない。

以前、年配の中国の友だちと北京の北海公園を歩いていたら、

「私は留学して、本当に良かった。昔はカモが泳いでいると、捕まえて喰うことしか考えなかった。今は可愛い」

と言われたことがある。

カモを見て食料と思うか、可愛いと思うか。どちらもまちがいではないが、日本人の失った野性をいたるところで見ることになるだろう。

また会社員が残業を終え、階段で降りたら、踊り場に中国人難民が座っている。最初は驚くがそのうち慣れっこになる。で、難民は社員の昼食や残業食に会社のキッチンで作った水ギョーザなんか売りだして、それが安くておいしい。夜中でも「ハイハイ、うれしいね」とすぐ作ってくれるところは妻よりやさしい。

人懐っこくて、こまめに雑用もしてくれる。階段を囲って住処にしているが、まあいいか、という感じになってきた。

そうやってちょっと気を許すと、だんだん占拠範囲が広がり、ビルの花壇で、勝手に野菜を育てたりしている。

社員たちが家からいらない毛布やオーディオなどを持ってきて、プレゼントすると、「ありがと、ありがと、日本人やさしいね。私の国、今たいへん」と泣いて喜ぶ。

大暴動と虐殺で、命からがらコンテナ船に乗ったという。今、中国のインフレは１０００倍で、「饅頭（マントウ）（味のない主食の蒸しパン）」１個が５０００円ほどするとか。

銀行からお金は下ろせない。

「若い子は田舎に帰って、農業をして物々交換しています。私も農園持ってましたが、軍隊に奪われました。家族は先に別の国に行きました」

そのうち水ギョーザ氏は、踊り場に2段の簡易ベッドを置いて、次に来る中国人難民にまた貸しを始めた。管理部は賄賂で丸めこんだ。

新難民のなかには若い女性もいる。デキ婚する同僚も現れ出した。

で、社員がひさびさに田舎に帰省しようと列車に乗ると、中も中国人で満杯である。どうやら皆、日本に定住している様子。

実家にたどり着くと、なんと老いた両親は、中国人と同居していた。

「いや、あんたなかなか帰ってこないし結婚もしないし。陳さん、親切なんだよ。田んぼも耕してくれ、ご飯も作ってくれ、病院も連れて行ってくれるし。お父さん、最近、足も不自由でね。難民で気の毒じゃないか。このヘン、家はいくらでも余っているから、今度嫁さんも子供も連れておいでって言っているんだよ。人がいるとにぎやかでいいよ。交番もね、もう中国人多すぎて、悪いことしないならそれでいいって」

「ムスコサン、コンニチワ。オセワニ、ナッテマス」

来て半年だというが、すでに日本語もうまい。中国人の敬老の気持ちで、両親の心もがっちりつかんでいる。

まあ、とりあえず面倒見てくれたらいいか、しかし……、と不吉な気持ちで会社に戻ると、なんと会社の社長が、あの水ギョーザ売りの中国人になっていた。

「ワタシ、国ではシャチョーでフユーソーでした。中国でも最初やった商売は、水ギョーザね。チェーン店が成功して、こんなビル、100個ぐらい持ってたね。それは無くなったけど、お金、地下銀行にドルで半分預けてました。今、ちょっと使えるようになりました。黒社会の人、約束守るです。私の親戚の人、また動乱の中国で儲けてますから、約束守っておいたほうがトクね。スイスとアメリカと香港にも金の延べ棒あるね。この会社、毎日見てたら、みんなよく働くですから、買いました。昔、爆買いに来て、日本の市場もわかってるね。私、日本好きね。痔ですからウォシュレットいるね。日本はどこでもありますから」

何度も崩壊している国では、金などのグローバルなタンス預金と地下銀行が発達している。中国で頼母子講（たのもしこう）から黒社会の高利貸しまで地下金融が発達しているのは、国民が国の崩壊に慣れているからである。

「パパ！　無事だった？　銀座って、服安いね。どこも中国人だらけで、日本てもう中国になったの？」

走ってきたのはヨーロッパに逃れていた妻子らしい。新品のヴィトンのバッグなど持っている。

くそ、社長はどこでも社長かよ……、オレ、どうすりゃいいんだ。

富裕層はどこに行っても富裕層だった……、というオチだが、こういう富裕層ならまだしも、基本来るのは、貧しい人々である。

今、ヨーロッパはシリアからの難民であふれている。シャンゼリゼ通りにうずくまっているのは、子供を抱いたお母さん、やせ細って飢え死にしそうな青年、ケガをしている中年男性。受け入れ側が提供しなくてはならないのは、食料、水、医薬品、住むところ、福祉サービス……。もちろん犯罪も増えるだろう。

1億、いや5000万人来れば、日本は終わる。そしてそれは非常に簡単である。1年かからない。

そもそも中国が崩壊するといっても、13億、もしくは15億の中国人があのへんからいなくなるわけではない。

中国の周辺の小国は、過去、日本以外はたいてい中国にのみ込まれ、消滅している。清朝も東北の満州民族の国だった。が、漢族文化の北京に来て何代も経つうちに、満族は自分たちの文字も言葉も失い、漢化していった。

周辺の何百もあった少数民族の国もすべて同じである。国の上層部が腐敗し、賄賂を握らされ、漢文化に取り込まれて国を失くしていった。独自の文字を持たない国は簡単にほろぶ。

日本が固有の文化を保ってきた一因はやはり島国だったからである。あと、漢字は取り入れたが、ひらがななど独自のものに変化させていったこと。学問が大衆的になった。

中国はしょせん人の国である。

私たちにあるのは日本の未来についての決定権だけである。日本の貧困問題も人権侵害もすでに凄まじい。

私が見るところ、中国崩壊を願うのは、負け組の人々である。中国がいつか崩壊しないとはいわないが、今ではないし、願うよりはリアルにシミュレーションしてほしい。我々は中国がしていた仕事はできない。

人の国の不幸を願っている人々が、もっと豊かになることはない。なるのは、人の不幸がメシのタネの悪徳商売ぐらいである。

ビジネスマンの第一の仕事は金儲けである。私は日本にまた豊かに、幸せになってほしい。

腹黒中国経済の根元を理解する

「あなたは中国がわかってない」

中国をほんとうに理解したいならば、まず「土地（トゥディ）、土地、土地」と3回唱えよう。すべてはそこから始まる。

その日、私は華僑たちの集まりに参加していた。時は北京オリンピックが過ぎた２００８年の秋。場所は、北京の某レストランの個室である。人数は10人ぐらい。年齢は40代から60代までいる。

大半が欧米系の外国籍である。大陸生まれで留学などで海外に行き、その後、居住し、その国の国籍を取得した人々が多い。90年代までの欧米留学はほぼ１００％、中国の国家派遣である。オペラ歌手など芸術系の専門職の人も含まれている。

各自、かなりの資産のある中間富裕層と言っていいだろう。

この日の話題は、その数年、中国人がよるとさわるとくりかえしていた話、「不動産はどこまで上がるか」である。

「下がるんじゃないですか？　いろんな経済指標からみても、中国人の平均収入からみても、実態経済からみても、もう本当におかしいです」

私はそう言った。中国に来て、最初に借りて住んでいた100平米、2LDKのマンションの売値は、7年ほどで680万円から1億2000万円になっていた（14年経った現在の売値は1億8000万円）。

香港系ディベロッパー開発で、小ぎれいだが別に超高級なわけでもない。家賃は2倍あまりしか上がっていない。

当時、私は北京オリンピックが終わったら、不動産はただ崩れになるだろうと予想していた。数値だけで見れば、サブプライムローンどころの話ではないのである。

すると全員が声をそろえて言った。

「あなたは中国がわかってない！」

「下がらないわよ、中国の不動産は」

「なぜですか？」

国外には、中国バブル崩壊予測の記事があふれている。外国人の常識的に考えれば、いや、外国人でなくても、もうとっくの昔にバブルがはじけていてもおかしくない。

彼らは、沈黙した。しばらくして年配の男性が再び言った。

「中国の不動産は下がらない」

それ以上の説明はない。このときに、私はやっと気がついた。

現地の中国人たちの不動産に関する会話はいつも、「まだ上がるか、それとも止まるか？」「どのぐらい上がるか？」のみで、「下がる」という話がない。

そして別の一人が、最近買ったマンションが、契約をしてから無事に引き渡されるまでのあいだでまた値上がりして、不動産屋からまた儲けましたね、と言われた話をした。

そしてその後、彼らの話の通り、不動産は下がるどころか上昇を続けた。

２０１５年秋現在、リゾートの投資用マンションなど地域によっては多少下がったところもあるが、全体としてはまだバブル崩壊というほどではない。

なんと都市部は、今なお値上がりを続けている。

日本の報道は、現実より読者の願望に合わせるので、事実とはだいぶ違うのである。

特に北京は市内から1時間の、日本人からすればフツーというか、どちらかというとボロい70平米のマンション（中国だと１ＬＤＫの新婚夫婦用である）が2億円とか、もうわけのわからない世界になっている。

北京住人の公式年間平均所得は2014年で約88万円である。不動産取引は本当に減少しているが、それでも北京は基本、下がらない。

「下町の長屋」が、30億円

では、私といっしょに、まずは北京文化の神髄、二環路の中を歩いてみよう。

北京というのは、中国皇帝が長く住んでいた街で、構造はその住居だった故宮を中心にできている。

雰囲気としては京都を思い出してもらえばいい。つまり碁盤目の道の中央に御所があり周辺に木造の古い屋敷や町屋が並ぶ街の中国版である（というか、日本が昔、中国のマネをしたわけだが）。

日本と、他国の都市の一番違うところは、町に城壁があるかないか、である。

北京はもちろんあった。

その城壁跡の道が二環路である。碁盤目の北京を囲むわけだから四角になる。

今は道路で下には地下鉄がある。地下鉄2号線である。東京の山手線、大阪の環状線と考えていい。江戸や大阪もそうだが、昔はこの中のみがすなわち「北京」だった。現在、この二環路内は景観保存地区である。

そしてその碁盤目の町にある家は四合院である。東西南北の壁で四角に囲まれた邸宅である。本来は皇帝の親戚や清朝貴族や豪商が住んでいた豪邸だった。

碁盤目に合わせた、というか風水に基づいて建てられた、東西南北の壁で四角に囲まれた邸宅である。本来は皇帝の親戚や清朝貴族や豪商が住んでいた豪邸だった。

が、清朝が終わり、何度かの戦争、植民地化、文革を経て、分割され、かってに増築され、いろんな人が住みついている。大半はかなりめちゃくちゃになっている。

で、その四合院と四合院の間の細い隙間が、胡同と呼ばれる北京特有の道である。旅行雑誌などを見ると、「人情あふれる下町の長屋」とか、「胡同の庶民の暮らし」と紹介されていることが多い。

（アホか！）

と、思わずつっこんでしまう。

たとえばその旧北京中心に近い、什刹海（シシャハイ）。湖の景色が美しく、夜、景色を眺めながら楽しめるバーがたちならび、一大観光地と化している。

その裏の胡同の壊れかけたボロい家からは、たしかに手に饅頭など持った上半身裸のおっちゃんが出てくる。

しかし、彼の住まいの雑院は1・6億元。あ、ホンの32億円ですか。

ちなみに15年前は、１００万円しなかった。北京二環路内の四合院というのは、中国でもっとも値上がりした場所でもある。

ここは観光地の近くだから、と思うかもしれない。ならば少し歩いて、静かな場所まで行こう。このあたりは昔、皇帝の親族が住んだ王府が多い。清朝から枯れずに残っている大きな木々の下の四合院は数千平米。入り口には防犯カメラが取り付けられ、一瞬空いた門から見えるのは噴水！　ガレージには外車が3台。中は全部改築されて、すごーい、と思っていたら、屈強な男が近づいてきた。

私服警察である。ふと、歩いてきた胡同の入り口を見ると、銃を抱えた兵士が3人。こういうところは、政府高官が住む。金だけで住める場所ではないが、数百億円を下ることはない。

つまりここに住んでいた皇帝の子孫や豪商から家を取り上げたのが、新中国建国後の土地改革であり、文化大革命なのである。

二環路内の故宮周辺の中心部分は、現在は高層マンションの建築許可はおりない。故宮の横にあるのは、中南海であり、それを覗きみるような（つまり攻撃できるような）建物は建築させないのである。しかし四合院に隠れるようにして、いくつか低層の高級マンシヨンがある。

こういうマンションが200平米で数億円から10億円という価格は、おっちゃんの住む四合院に比べれば安いなぁ（！）。内装は非常に豪華。

これ以外にも、いくつかマンション状の建物は建っている。人民日報や国営企業、大半が昔の「単位」の幹部用の住居である。私は一時、このエリアの政府幹部に支給された部屋に住んでいたことがある。

さすが風水がよくて、非常に快適だった。中国には、会社登記のできる建物と、そうでないのがあるが、こういうところはたいていできる。

したがって官僚の名前ばかりの会社や、正体不明の団体の看板がダーッとかかっていたりする。

近くには、北京の次郎、とも言うべき高くてコースしかない有名な寿司屋があった。店の門から5メートルの胡同向かいは、東城区政府の正門になる。官官接待用なのである。

またごくわずかだが、古くて危険な四合院を壊してマンションにし、分譲したものもある。こういうのは元の住民はタダ同然で郊外に追いやられる。

先に書いた32億円の雑院のおっちゃんみたいな人が、権利を持っていることも少なくない。文革時に元の金持ちが追い出された。その後、何かの折に、正式に買ったり、または単位からもらったり、親から継承した人々である。単位とは国営の勤務先のことで、以前は住居も国が提供するのが普通だった。しかしそういう人は問答無用で、追い出す。

さらには、昔からある北京の住宅で6階建てのれんが状の建物（エレベーターはない）。王府井の近くにもこういうのは残っている。60年代から80年代建築で老朽化しボロボロだが、権利が複雑すぎて壊せない（最近、何区画か壊された）。昔から住んでいる人々は、かなりのインテリが多く、黙っていない。しかし部屋は古くてカビ臭くて日本人は絶対住めない。

しかし有名校の学区なので、何億円で取引されている。中国というのは広い国であって、それぞれの地域にとんでもない金持ちがいる。そして子供を北京の学校に通わせたい。北京の住所も欲しい。買うだけで住まないが、それでも売れる。

二環路の中心部のマンション建築許可は下りないが、東西の縁部分は下りる。したがって屏風のようにマンションがならんでいる。

そういうところを含め、どんなにボロく見える部屋も、二環路内の楼房（ビル状の住居）なら、たいてい500万元（1億円）以上する。平屋のボロ屋は先に語った通り、もっと高い。

北京観光に来て、このあたりを歩き、まだまだ素朴な暮らしの人もいるんだなぁ、と思ったあなた。お住まいの家はいくらですか?

異常なバブルなので家賃は売値に比例はしていない。

が、やはり高い。胡同の雑院を見て、ああいうところは家賃が月数百元(1、2万円)なんでしょ、という、いまだ頭が90年代の人もたまにいるが、こんなボロいのに! と思うような部屋が20万円、30万円。

トイレもなく、湿気だらけのすさまじい部屋でも10万円を超える。今なら乱立された郊外のマンションのほうが安い。まともなマンションなら、上は青天井で150万円も珍しくない。四合院の老北京風の内装のいいのも賃料は100万円を超える。設備も入れたら東京都心の2倍高から5倍高ぐらいの感覚である。

特に売り買いの値段の高いのが、「学区房」と言われる、有名校の学区内の住居。

中国の公立学校というのはエゲつなく、住人の子供全員が入れるわけではない。

まず、そのエリアに家を持っている人、次は長く借りている人、当然、北京戸籍優先……、と複雑な条件がからみ、そこに当然教師への賄賂が発生する。教育制度の不備が、また官と関係者が儲かる理由になる。

二環路内の、この「学区房」の部屋から引っ越すときは大変だった。

とにかく不動産屋が朝から晩まで電話をかけてくる。次の入居希望者に、先に一目、部屋を見せてやってくれ、というわけである。

個別に対応しているとキリがないので、引っ越し前の1日、1時間にしぼって大家と家で待ち受けることにした。

文字通り、家の前には行列ができ、その数、実に24組43人。それぞれと雑談しながらこっそり選んだ優良店子3組が、大家の選んだ3組とぴったり一致したときは、自分の中国生活の長さを感じた。

大家さんは女性で、元北京飯店の売店のスカーフの売り子だった。

部屋は彼女の内装会社経営の夫が、まんま北京飯店風に改造し（ホテルと同じ特殊材料の入手についてはここでは問うまい……）、きれいだったが、建物そのものは本当に普通。しかし当時ですでに億を超えていた。大家の祖母が、この地にあった四合院に住んでおり、それが壊された。その時、部屋ももらった稀有な人である。そして子供たちがそれを担保に次々と部屋を購入した。数百万から1000万円ほどで買った部屋は、現在すべて億を超えている。中国には、不動産の固定資産税はない。

部屋には芸能人の部屋のようにブランドバックを並べるための専用棚があった。ひとつも持っていない私は本棚にしていた。

親日の人で、その理由は、北京飯店でスカーフを売っている時に、日本人は皆、てのひらにお金を載せて、「金額がわからないからここから取ってください」と言ったからだそうである。こんな純情な人たちがいるのか、と思ったそうである。

どうりで不動産屋が、私が外国人ということで躊躇したときに、

「日本人が悪いことするわけないでしょ！」

と、大声で叱りとばしてくれた。

家を借りる時に見た戸籍ではご本人は小学校卒だった。お嬢さんは地方の中卒である。母親が北京戸籍と学区内の部屋を持っていても、諸事情で入学をトバされた。娘が小学校入学時は、学歴のないただの販売員だからである。北京中心部の学校に進学させたい親は中国中に山ほどいる。

悔しかったと思う。

しかし、学などなくても困らぬほど、金持ちになった。今の中国にはこういう人がけっこういる。外国人経営の美容院などに出入りし、

「お金ならあるのよ!!　一番高いのにして！」

と叫ぶそうである。この人も最初に会った時に、お嬢さんと2人で異様に着飾って、かまえてやってきた。

引っ越ししたのは、大家がいきなり家賃を倍にしたからである。たしかに私は多少安く

借りたと思うが、不動産屋がこぞって、

「あなた大損してますよ」

と、大家に吹きこんだ。そうやって値をつり上げていき、で、私の次の部屋探しにも、その不動産屋が出てくる。住民が動けば動くほど1粒で2度おいしいというわけで、この2012年頃、こういう値上げで郊外に動く人が後を絶たなかった。郊外に住んでも、また同じ値上げでもっと遠くへ行く。

郊外に林立する大量の欠陥マンション

2001年、中国に来た頃は、郊外のマンションというのはまだまだ数が少なかった。当時、マンションというのはまだまだ高嶺の花である。実際に建物も今より高級なものが多かった。


街というのはつまりは権力者の住むところである。

そして権力者の周辺に関係者、サービスを提供する商工業者が住む。近代になると商業が企業化し、そこに地方から出てきた人々が雇用される。で、交通も発達して雇用された人々が郊外に住居を求めていく。そうして都市は巨大化していく。

が、中国の場合、都市交通が発達しておらず、21世紀まで職場の近くに住み、自転車かバスで通うのが基本だった。

だから二環路のなかにも、そのまま庶民がたくさん残り、郊外は手つかずだったのである。ちなみに大学もそうで、基本は全寮制である。北京出身でも学生が通学することは非常に少ない。

私も2001年に中国に来て、最初の1年は大学内の寮に住んでいた。

翌年、北京大学と清華大学の両方から近いマンションを借りた。本来野菜畑だったエリアに建てられたそこはプールもあり、当時は（見た目だけは）なかなか瀟洒(しょうしゃ)で100平米、10万円。

このマンションを当時の大家は2001年に680万円で買っている。翌年、それは倍になっている。

中国が長くなりそうな気がして、5年借りるなら、小さめを買った方が安いと買いにいった。しかしこの値上がりが確実なマンションは、外国人への販売が禁止だった。

不動産屋は外国人も買える別のもっと安いマンションを勧めた。しかし私は便利のいいこのマンションに執着した。

私が借りていた部屋は、翌年、さらに倍になった。この時点で外国人も買えるようになったが、品質を思うと、もう別に日本より安くはない、というか日本人の感覚だと完全に欠陥住宅である。正直アホか、と思った。

工事の不備で停電（電線が切れる）、電球の爆発は日常茶飯事、風呂場からの水漏れはマンション中央部のフローリング廊下を10センチほど盛り上がらせた。楽しみにしていたプールは、水質があまりに悲惨と判明したため、ほとんど利用しなかった。

しかし部屋は4、5年で5000万、6000万円になり、そしてあっという間に億を超えた。つまり、中国人にとって品質はあれでも充分だったのである。

先日（2015年秋）、所用があり、このマンションに行った。

私は途中で1回、マンションエリア内で小さい部屋に住みかえて、築10年足らずで市内中心に引っ越したが、現在築14年、急激に老朽化していた。公共部分の壁の汚さ、タイルの割れなど、日本だと外国人の多く住む公団住宅でもこうはならない。しかし1億8000万円という値段は変わらない。駅チカ、学区房で、ここは今後も値上がりを続けるだろう。

私が、億ションを持てる機会を逃している間に、周囲の中国人たちはちゃくちゃくと資産を増やしていった。

2001年秋、北京オリンピックが決定。中国政府は、それまで天安門など中心部と、二環路循環のわずか2路線しかなかった北京の地下鉄を凄まじい勢いで増やしていく。まず、その大学地域のマンションがあった北郊外の路線が増築され、新築の棟が完成し、私の入居とほぼ同時に地下鉄が走ったのを覚えている。もちろん皆、出来レースである。

現在はそれぞれ延長された路線が15線、プラス郊外線が4線。そしてそれぞれすべての路線沿線に、高層マンションが本当に雨後のタケノコのように建築されていった。

しかし北京の日本人たちは、中国経済研究専門のシンクタンクの研究員であろうが、新聞記者であろうが、中国調査の政府関係者であろうが、私もふくめ、誰もさほど不動産に興味を持たなかった。

地下鉄ができたねぇ、という話は出るが、まだ渋滞もさほどではなく皆、タクシーで移動の時代である。そもそも企業派遣なら自分で家賃は払ってないし、実感がない。

個人で来ている人でも、同じである。

高級不動産レンタル業に従事の日本人に、週刊誌の取材で尋ねたことがあるが、

「こんな品質最低のマンション、私自身は絶対買わないです！　国貿（北京の人気ビジネス街）の5A級のオフィスでも、鉛筆を落としたら転がるぐらい施工は悪いんですよ！」

と、きっぱり答えられた。

日本人は、日頃、宝くじが当たったら会社をやめたいとか、言っているわりには、億単

位の金儲けが目の前に落ちていても気がつかない。

金を得るところは会社しかないとばかりに、仕事をがんばってみたり、はたまた社内で不正をしてみたり……。日本人の純情さともいえるが、けっきょく今の日本人は、中国人ほど金にも家にも仕事にも苦労していなかったのである。

一方、中国人はこのころから、よるとさわると不動産の話。どこそこの新しいマンション群がいくらで、誰が買ってどれだけ儲けて……。銀行の融資も恐ろしくいいかげんで、30室買おうが、１００室買おうが、ローンの認可はいくらでも出た。担当者に賄賂も手数料も入る。もちろん、本来の利息収入もある。

庶民レベルでいえば、初期ならば数百万円の部屋を何とか数十万の頭金を用意して、買う。ローンはそれを貸し出して払う。翌年には不動産価格が倍になる。それを担保にして今度は5室買う。翌年それがまた倍になり、1室を売り払って20室の頭金を用意し……という形で、銀行ローン、または闇金融だけが恐ろしく増えていく。

が、不動産価格の上昇がそれを追い越していた。温州商人なら棟単位でやる。

売買税は当時はほぼかからない。一番儲けていたのが、当のその法律を作る官僚だからである。ディベロッパーと一緒に、開発地ごとこの方程式を何千倍の規模でやっていた。ハンコを押して、銀行から金を引き出せば、その3割は自動的に彼らのモノである。で、その金は返さない。

不動産取引はＧＤＰに含まれる。つい最近までの中国のＧＤＰの高さの大半は、単に銀行ローンと不良債権の山積みである。

二環路内の文化財破壊も何度も見た。故宮真横のすばらしい彫刻に飾られた四合院が一瞬にブルドーザーでつぶされる。

こういう超一等地の後に建てられた低層超高級マンションはもちろん分譲などされず、政府関係者が住む。当然、すべてに悪質な立ち退き問題が発生したが、その大半は報道されなかった。二環路の中の住人は、郊外に追い出されたパターンが多い。

郊外の典型的なケースは、まず農民から土地を取り上げる。そしてその土地の８割に分譲用のマンションを建て、２割にそれよりずいぶん格落ちの農民分配用の部屋を作る。

農民にその部屋をあてがうのは良心的なほうで、１、２年の年収程度の涙金で生涯の財産をほうりださせたほうが多い。

差額は官僚とディベロッパーの儲けであり、しかし私の住んでいたのちの億ションでも農民はもらった部屋を貸し出して、もう働かなくていいと毎日麻雀をしていた。

そして建築許可を出すのが、政府であり、だいたい建物建築費用の３割が認可のための賄賂相場と言われている。

そうでなくてもいい加減な中国の建築のコストから、さらに3割を引くとどうなるか。欠陥マンションの誕生である。

ベランダが落ちる、不良塗料などによるシックハウスは粗製乱造が始まる前から中国のお家芸だが、モーター設備設置の不備や壁の薄さによる低周波騒音は北京北郊外で流産の訴訟を起こされ、原告側が勝訴している。ポンプや配管の問題による地域全体の水質汚染が話題になったり、ひどくなると高層マンションが根元からパキっと折れたり、陥没したり。天井や電灯が落ちてきた、鉄骨のはずが竹が入れてある、エレベーターが水漏れして漏電する、階段陥没、ドアが割れる、落ちる、消防栓が水漏れしてカビだらけ、1カ月たたずに床も天井も割れたりはがれたり、というのは日常茶飯事。

これも北京のみならず、中国各地で頻繁にディベロッパーや許可を出した政府部門を相手に訴訟が行われているが、保証問題は当然、非常に難しい。

裁判所も政府も同じ党の指揮下だからである。

こういうのが、北京の中心部から郊外にかけて、山のように建築された。

そしてその値段はやはり高い。中心部のオフィスから地下鉄とバスで2時間近く、日本人から見れば2LDK、1500万円クラスのマンションでも、北京の場合、5000万円ほどする。

こんな状況で、普通の中国人はいったいどうやって暮らしているのか。

答えは、「それでも家を買う」である。

一番多いのは、結婚したときで、男性側の両親が準備するか、もしくは頭金を払うことが多い。大卒若夫婦2人で給与が合わせて25万円というのは、北京でもいいほうである。年収360万円。そういう人たちが5000万円、8000万円の家を買う。ローンは月20万円近く。

北京の物価はすでに東京を超えている。別収入はあっても、生活はかなりきつい。

しかし彼らは家を高いとは思っていない。まともなのはその値段しかないし、まだ上がると予想しているからである。国外の値段など知らない。

東京の家賃と不動産価格を告げると、

「中国人は、全員、騙されているんだね（泣）」

高かろうが欠陥だろうが、男性側の親が家を買い与えられないようだと、本当に嫁はこない。

一方独身だと、流行は『合住（フジュウ）』と言われるシェアハウスである。

ずっと住宅難だった中国では、若い間は『合住』が当たり前だったが、最近のものは昔のベッドが並んだタコ部屋ではなく、マンションや昔の単位の家を不動産会社が改装してその中の部屋を1室ずつレンタルする。市中心ではけして安くはなく、3LDKの14平米の1室が8万円とか12万円とか。それでも奪い合いで部屋は埋まる。

郊外でも、建築し過ぎて借り手のない部屋を、もう少し安めのシェアハウス化している。「家庭旅館」という、民間ホテルにして貸し出すのも人気である。

もうこの状況は何年も続いており、2、3年前には雑誌で『告別　北京』という特集が組まれていた。あまりに暮らしにくいこの街に別れを告げるという内容である。

地方出身、大卒2年目の女性の手記が載っていた。

「国貿にオフィスのある大企業に就職が決まったけど、研修中もあってお給料は4000元（8万円）。朝早く、夜遅くて、遠くには住めない。通えるところに女性でも安全なシェアハウスを借りたら、1部屋、3000元（6万円）。この分だけずっと親に仕送りしてもらっている。もう何をやっているか、わからなくなって、故郷に帰ることにした」

一方で大学時代から、寮には住まず、親が買ったマンションや20万円ぐらいの部屋に住む若者が多数いるのも、日本のバブル時代と同じである。

ちなみに知人のお嬢さんは、アメリカ留学までしたのに、帰国して就職したのは公務員で配属は「葬儀局」。月給は2500元（5万円）。

「娘に言ったのよ！　お母さんが、毎月1万元（20万円）あげるから、そんなところで働きなさんな！　縁起が悪い！　って」

中国人は普段でも、「死」にまつわることについては非常に縁起をかつぐ。お嬢さんに問題があったわけではない。アメリカで民主主義を身につけ、誠実だっただけである。

が、そんな人々はしょせん、人口の1％に満たない。大半は、日本より高い家賃とローン負担に、身を粉にして働いたお金をほぼ全部持っていかれている状態である。

そしてその状況は、年々悪くなっている。

その一方で、今、北京での流行は郊外のとてつもない豪華別荘である。広大な敷地に西洋風や中華風の豪邸が、点在する。雨後のたけのこのように増え、一番重視されるのは秘密性。高級車が音もなく吸いこまれていく。

大地主になった中国共産党

中国で流行のゲームに『闘地主（ドゥディジュウ）』というのがある。

3人でやるカードゲームで、1人が地主になり、残りの2人が1組になり地主と戦う。

けっきょくのところ、中国の歴史はこの『闘地主』に尽きる。

1945年、日本が戦争に負け、中国は国民党と共産党の内戦時代に突入する。

最初、優勢だった国民党をくつがえしたのは、共産党の取った「土地改革」政策である。

共産党は、革命に参加すれば農民たちに土地を分配すると約束した。

農民たちは、地主を殺害し、土地を取り上げた。共産党が分配した土地には農民の名を書いた札が建てられた。貧農たちが共産党に参加したのは、イデオロギーではない。自分の土地が手に入ると夢見たからである。

中国の革命と政権交代はいつも農民革命で、その背景は土地の極端な独占である。そして権力者が負ける理由は、ただ一つ、自滅である。中国人とはそうなってしまう人々、といえよう。

実際に政権を取ると、共産党はこの約束をくつがえした。農民の土地は再びすべて取り上げられ、「人民みんなの」、つまり共産党のものとなった。

今思うと、大躍進（1958年―60年。毛沢東が唱えた農業、工業の大増産計画）は、結局は土地を全部横取りした共産党の、「そうしたほうが効率がいいんだ」というムリな証明に見える。

で、大躍進は大失敗した。失権した毛沢東が権力奪回を狙う文革へと行くわけだが、北京だと「あの時期に市内の四合院を追い出された」「おじいちゃんは自殺に追い込まれた」

という人がたくさんいる。

中国全土で、たくさんの金持ちが家と土地を奪われている。

それらの財産も共産党のものになった。

官にならないかぎり、99％の中国人はどう転んでも奪われるようにできているのである。そしてその官というのはすなわち共産党の幹部である。中国の場合、中華人民共和国の政府ではなく、共産党の政府だからである。軍もこの指揮下に属する。

女性の地主も殺された

そしてついに、毛沢東も死んだ。

土地は誰のものか。

もちろん人民のものだが、現実的にはそれを自由にできる権利を持つ共産党のものになる。

世は改革開放の波が来て、地方政府は一気に、土地を使った金儲けに乗り出した。

当時の中国は、金も技術も何もない。

「我々はなぜこんなに貧しいんだ！　外

国を利用して、豊かになることを考えよ！」と、唱えたのが鄧小平であり、この時期、一番それに乗った外国は日本だった。ＯＤＡという無償、または低利の資金もたくさん、プレゼントした。

外資誘致の開発地は、南方から始まり、中国全土に大流行した。

土地は表向き、人民のものなので売ることはできない。理論上は、今なお私有財産はない国なのである（このあたり、法律でもめている）。ただし使用権は売れる。

元は農民が地主を殺して奪ってきたタダの土地の使用権を、外資に売って工場を誘致する。外資の力で工場を建て、技術を導入し、貧しい民を働かせて製品を作って、輸出で儲け、さらに地方政府に税収も入る。何より、開発商（ディベロッパー）は本来は国営企業傘下の政府企業だったのであり、そこを通じて土地ころがしをする。

まず、土地を異様な低価格で官の親族の会社に売る。そこを高値で開発商が買い取る。もちろん間に目隠しをかましたり、その順序を変えたりすることはあるが、それだけで、政府関係者には賄賂と差額で莫大なお金が渡った。

水道を引く、ガスを引く、マンション建設ができる土地にする、それぞれの段階で価格ははねあがり、それは皆、官のふところに入る。

実際には、開発地と名がうたれただけで、資金切れでインフラが整備されず、ゴーストタウンと化したところもこの頃からすでに全国津々浦々に存在したが、「没問題(メイウェンティ)！（問題ない）」。

この90年代に外資によって建てられたマンションやホテルは、豪華なものが多く、当時でもマンション賃料は日本より高かった。庶民の月給が200円なのに、1LDKが50万円もしたりする。一説には賄賂代がかかり過ぎて、採算のとれる高級なものを作るしかなかった、という。が、当時の中国で、庶民が政府からの分配でなく、マンションに住めることはなかった。どちらにしろ、当時のマンションは特権者による、特権者や外国人のための住宅だった。

中国の不動産業界の利益率は30％以上で、世界で一番高い。立ち退きの費用がいらない、補償の費用がいらない、そしてヤクザの費用がいらないからである。全部、共産党がやってくれる。官への賄賂など安いものである。

やがて地方政府は、資金おかまいなしの乱開発を開始する。

工業開発地のみならず、高速道路、工場、住宅地、豪華な庁舎、ショッピングモール、観光地……。タダの土地を、自分たちの身内に渡る黄金に変えるのである。資金調達は、主に地方銀行が引き受けた。イヤと言えば、銀行はつぶされる。

政府も銀行に金を借りる。開発商も開発資金を銀行に借りる。できた家を買うのに庶民も銀行に借りる。工場も銀行に金を借りる、商店も銀行に金を借りる。

原資は理論上は民間が銀行に預けている金になるが、その何十倍、何千倍もの資金が借り出されている。

政府と銀行が一体化しているからできることであり、その実態は空からひねり出したお金で、その担保のほぼすべてが不動産である。さらに地下銀行からの融資がある。

不動産が下がれば、会社や工場が倒産する。人が職を失い、ローンも払えなくなる、家も売れなくなる。税収もなくなる。地方政府も破綻、すなわち中央政府も破綻する。すべてが崩壊するので、中国政府はほぼ無制限に近い、資金援助を繰り返していた。

株には先物取引がある。

一番の特徴は、たとえば1万円の資金で100万円分の取引ができることで、予想が当たれば自分の資金の100倍の儲けになる。しかし外れれば100倍の金額が失われる。通常の取引では持っているお金以上はなくさないが、先物は簡単に借金ができる。

いわゆるレバレッジだが、これを不動産で、国をあげて人為的な操作で上から下までやっていたのがここ20年ほどの中国である。

不動産が下がる——すなわち負けると政府はじめ、実態の何百倍、何千倍もの損が発生するので、下げるわけにはいかない。

が、２０１５年、それでも地方銀行、開発商の倒産はすでに始まっている。

一方、湯水のように金だけが融資されたバブルのつけは持たざるものへまわされた。家を借りる、店舗を借りる、工場を借りる、すべての生活と生産と商業活動は土地の上で行われている。今、中国の人件費が上がったと言われるが、あれは社員が家賃の値上げに悲鳴を上げ、会社が上げざるをえなくなったのである。工場の建物と従業員と、または運輸も倉庫も、あらゆる方面で上がりに上がった家賃のつけは全部製品にのせられ、物価は恐ろしい勢いで上がっている。

北京ならば、カフェのコーヒーは普通６００円、小さな菓子パンは３００円、スーパーの牛肉は日本では存在しないようなまずいものが１００g、１０００円、ごく普通の牛乳１リットルパックが、２８０円……。

スーパーの商品は内税で約17％の消費税（増値税）がかかるのもあり、６割は日本より高い。大半の人のお給料は、まだ日本人の半分以下であり、特に低所得層ほど先進国とは乖離が大きい。しかし物価は先進国よりすでに高い。そしてその全部の上がりを持っていくのが、不動産の持ち主である。

ネットショップの大流行は、生産地直送でこの高い不動産コストを減らせ、同じものが半額から５分の１程度とあまりに安いからである。あと、輸出先からつきかえされた商品も安価で売られる。リアル商店の不振が中国の不況と合わせて語られることがあるが、消費の流れも変わったのである。

また不安全な食品は、主に低所得層に向け、不動産バブルが本格化してから拍車がかかった。しかし中間層といえども、安全なものを食べようとすれば、日本の数倍のコストがかかる。一方、政府関係者には軍の農場で栽培された安全なものが届けられる。

人はどこかに住み、何かを食べる。中国のバブルがまだ崩壊していないのは、そのつけを薄く人々にまき散らし、その搾取できる対象人口がやはり多いせいである。

13億の、12・5億人が以前より働き、以前よりキツイ暮らしをすれば、実体のない錬金術の帳尻を多少合わすことができる。それもそろそろ限界だが……。

今、中国人の多くは、昔より2倍豊かになり5倍仕事はキツくなった。

もっとも企業が倒産したからと言って、経営者が日本のように自殺はしない。

実際は、計画倒産も多い。つぶして負債を払わず、また名前を変えて上場する。なに、その許可をだす官とは、一体なのである。

冒頭の華僑たちは、中国のこの仕組みをイヤというほど知っているからこそ、オリンピックが終わったぐらいでは、不動産は下がらない、まだ上がる、と断言したのである。

理由を黙っていたのは、外国人に中国の恥を語りたくなかったからである。

株の乱高下で庶民から資金調達

本来、人民みなの財産である国有企業も、ほぼ土地と同じ運命をたどった。すなわち低価格での転売、親族の会社を通じた差額抜き、上場による利益の独占などである。

この「親族の会社」というのは、中国の官の錬金術のマストアイテムである。清潔といわれる習近平であれ、前の胡錦濤であれ、もちろん鄧小平、その他、全員、このシステムをやっていない人はいない。やらない人は、中国人ではない。

改革開放の初期は、国営企業が外資にもよく売られた。外資の力で経営が良くなれば、上場させて中国政府幹部が株を手に入れる。

赤字企業を倒産させて負債を踏み倒す手段もよく取られた。破産させても、誰も罪を問われないし、捕まりもしない。会社の名前を変えてまた上場し、元の経営者や幹部や政府関係者やその親族がそこのトップになる。上場については中国政府に明確な基準はない。

売り上げも利益も資本も、すべて嘘情報でまかり通る。中央政府も自分たちに巨額の利益が入るからそれで目をつぶる。

そういう手段で手に入れた資金は、日本でもよく報道されているように、海外に流される。留学生として送り込まれた政府幹部の子供たちが、地下銀行の受け子となる。

彼らを名義人として、実体のない海外合弁会社が設立されることもよくある。マネーロンダリングに使われる。正当な（?）手段である銀行経由もけっこうある。なに、全部、監督している人々の子弟がやっていること、問題はない。

民間企業も、頭角を現すと、政府に（!）乗っ取られてしまう。

私が中国に来てからでも、大中電気などの家電チェーン店、中国のアパホテルともいえる如家などのビジネスホテルチェーン、我愛我家などの不動産仲買チェーン、それぞれ庶民のニーズに合わせた企業が急成長してきた。起業家は皆、一般庶民出身で、卓越した経営能力を見せる。

しかしある時期になると、サービスがふっと極端に低下する。成長が止まる。

どう考えてもヘンな出店をしたり、ホテルなら黒社会が入りこんで売春の巣になったりする。上層部に政府幹部やそれがらみの黒社会が入り込んで、資金をむさぼるのである。企業トップが言うことを聞かないと、大中電気のように、小さな理由をつけてトップを逮捕してしまう。一度、統率が取れなくなると、上から下まで真っ黒になるのは早い。

中国人は、働かない、とよく言われる。

しかし同情すべき一面もあって、一般社員の給料は安いし、日本のように年功序列で上がっていくわけではない。

内部にいる彼らは、つぶさに政府と企業の現実を見ている。まじめに働く気はとうに失くし、自分たちの内輪での不正に走る、ということになる。

そして中国人が働かない、というのも偏見であって、日本企業の中国人が働いていないだけで、発展中の中国企業なら、長時間、激しく働いている。

小商店では、営業時間は「朝から晩まで客がくる間（実際には朝7時から夜12時ぐらい）」、休みは「春節以外、無休」というところが大半である。

そうやって、皆が身を粉にして働いた成果は、マネーゲームで一瞬のうちに奪われる。

また不動産が上昇中は、営業などせず、銀行から金を借りてもっぱら不動産投資をしていた会社が多かった。そちらのほうがよほど儲かるのである。

不動産が「高値どまり」になり、売り買いも動かなくなると資金は株に向かった。

機関投資家もいるし、政府や企業の資金もあるが、多くは民間投資家の資金である。

中国では渋谷の地主のような——黙っていても、毎月何百万、何千万円かの賃料が入ってくる人は、たくさんいる。

政府のあおりもあって、庶民もいっせいに株投資に向かった。紙袋にぎっしり、タンス預金の札束を詰めて証券会社に向かう中年女性の動画が、話題になったりした。

どこの国でも素人が買う頃には、相場は終わりだが、中国も素人投資ブームになってから、ほどなく大暴落した。

知人を見ても、政府筋で昔から株投資をやっていた人で、損した人はいない。

「あれは政府が、民間のお金を吸収しているんだよ」

札をこれ以上、印刷すると、インフレが進み過ぎる。株に投資させ落とせば、その余剰資金を吸い上げられるし、空売りで儲けられる。

政府関係者にとっては、「株ほど確実な投資はない」と言われていた。

幹部がインサイダー取引をするときに、追随者がいると、株がさらに値上がりする。よって情報を流していたことが多かったからである。

が、今回はどうもその情報を流す範囲を以前より絞ったように見えた。ドーンと下がることで、一瞬のうちに、何兆円というお金が水蒸気のごとく、蒸発した。

ちょうど、株価が乱高下したころ、私は引っ越しのため、家を探していた。で、大家――すなわち不動産投資をやる人は、たいてい株もやっている。

会うなり、

「あー、株が下がって今日一日で、この家の家賃の1年分、損をした」

という人もいた。公務員である。

また写真を見ると素敵な部屋なのに、なぜか見せてくれない大家もいる。

「あ、それ、部屋が今週中に売れたら売って、売れなかったら貸し出すそうです」

「……1週間では売れないと思うけど」

案の定、家は翌週公開された。が、家賃が先払い3年分だという。年払いは中国ではふつうだが、3年は少し多すぎる。

それでもさらに1週間して、3年払いが年払いになった時に見に行った。オーナーは30代の男性で、いかにも肝っ玉がふとそう。部屋は最新の家電が準備されており、ビシッとしつらえてある。儲かっている時は、家電の購入資金など金の内に入らなかったのだろう。まとまった金がいるということで、株の先物の追い金だろうな、と思った。

こういう民間投資家のお金が、一瞬の間に消えたのである。

爆買いは為替対策

ここ何年か、中国人の爆買いが話題になっている。

特に2015年の春節は、すごかった。日本メディアだと当然、日本での爆買いが話題になるが、彼らの主戦場はぜいたく品の宝庫、ヨーロッパである。ブランド品、宝石とことかかない。

これは、実は人民元安を見込んでのことだったのである。

２０１４年末、中国政府はさりげなく、来年度は人民元を下げるぞ、というニュースを流している。上がりすぎて輸出も不振。

中国の為替市場は、基本的には政府が管理している。

以前は完全なドルペッグ制だった。つまり1ドルを７・４人民元にするとか、相場に関係なく、中国政府が勝手に決める。外国が安心してドルで投資できるようにである。

中国で多少儲けても、ドルと人民元のレートが極端に変われば、大損をする。そんなことはありませんよ、というわけである。

そして他の外貨も、これに準じてドルリンクで決められていた。つまり日本円を人民元に両替ならば、一度、ドルに換算され、それから人民元にという計算方式が取られていた。このリンクは一応、２００５年に外されているが、昔ほど厳格でなくなったというだけで基本的にはまだ連動している。

今も毎朝、中国政府が各通貨について、基準値というものを出す。

たとえば本日（２０１５年9月15日）の日本円なら、５・28元（1ドルに近い数字ということで、100円でいくら人民元というわけである)。相場の変動はあるが、今日はこの基準値から離れず(おおむね増減2%)取引をしなさいよ、ということである。

銀行は、当然外貨を安く仕入れて、高く売って儲けるので、100円を中国銀行に持っていくと5・12元(現金相場)で買ってくれる。で、それを日本に留学に行く中国人が買うときは、5・32元になる。差額が銀行の儲けということになる。

基準値は常にこの真ん中に位置する……はずなのだが、実はこの基準値というのが、大変いいかげんなのである。もちろん決定要因は非公開である。

当方、わずかな印税を少しでも多く人民元に換えんと、日々、相場を注視しているわけだが、この基準値が売値、買値の真ん中にいないこともしばしば(!)。

そんなもん、基準値とちゃうやんか!

また、円がドルに対して突然安くなっているのに、まだ高値でいたり、そうかと思うと、世界相場に3日遅れて、いきなりどーんと落ちたり。動かぬはずの休日相場が動いたり、止まったり。法則性や一貫性はまったくない。

株、不動産、そして外貨……、とくれば投資の3本柱。

しかも中国の場合、「明日、元高・円安にする!」を政府が決めているわけで、インサイダーの温床なんていうものではない。

ここ何年か、人民元が高い理由については、中国の景気がいい（ウソつけ）、それまでの輸出で外貨保有量が多い、内需がいい（エネルギー系企業の利益があがる）、高金利&人民元高にして投資用の外貨呼び込み――中国の人民元ファンドなどにお金を預けると儲かる、などいろんな意見があるが、一番は中国政府がそうしたいと思ったから、につきる。他国の通貨のように外部要因で決まるわけではない。

私は官僚や富豪などが自分の資金を海外に逃がすのに、好都合だから、そうした、と半分ぐらい本気で思っている。近いのは、外貨投資呼び込みのための、人民元高値維持だろう。中国の伝統戦術にある「城がないのにあるように見せかける」計ともいえる。金利が良くて100万ドル投資する。1年で7%分の人民元が儲かる。その時点で人民元が去年より上がっていれば、その差額分もさらに儲かる。

本年度8月に、中国はわずかながら人民元を切り下げた。

しかしその7月までの1年で、中国の外貨準備高は3000億ドル、減少した。これはその前の年からすると、大幅な増加で、今年の8月からもそのスピードは加速され止まらない。大半はキャピタルフライト――元は下がるという情報を得た、または国は崩壊するかもしれないと見た資金移動である。

国際通貨基金への働きかけは、これに対する対策だろう。

つまり「実態と数字とは何も関係がない」「問題は独裁で調整し、たくさんいる庶民にかぶせる」「綱渡りでもやる度胸だけは、でかい」である。

中国と中国経済の本質がすこしでも見えただろうか。

こんな中国はいつまで持つか。

それなりに均衡を保っている。働かなくてはいけない庶民が必死で働いているからである。すべてを彼らにおしつけて、けっこうこのまま10年は持つのではないか、というのが私の見方である。

余談だか、日本の円はこの2、3年で半額近くに値下がりしている。なのに民間のお金がここまで外国に逃げない国はないだろう。

日本は人もお金も逃げない国である。

不安定な中国社会のウラを知る

「日系販売代理店」はエサ場

本物をニセモノ扱いする手口

ニコンの一眼レフに付けていた、望遠レンズが壊れた。

東京で購入してから、もう6、7年たつ。砂ぼこりが舞う北京、万年雪の雲南省の山の上、砂が入りこむ青島の海岸、カメラが壊れそうな灼熱のシルクロードまで、酷使した。中国の場合、移動時の振動もハンパではない。

さすが日本の誇るシグマの製品、びくともしなかったのだが、ここへきて何やら中のネジが外れた様子。回してもレンズが伸びないうえに、振るとカラカラ、音がする。

レンズには問題はない。

（修理だな……）

まず最初にネットで、中国にシグマの支店がないか調べた。

なぜかというと、カメラのような中国で大人気の日本製品は、下手な中国の修理店に持っていくと、すぐにレンズや本体をニセモノにすりかえられるからである。

上海には、直営の「适马贸易上海公司」というのがあった。郵送で修理を受けてくれる。北京は代理店である。

ここでかなり悩んだ。

修理中にレンズがすりかえられる可能性が低いのは上海だが、郵送中に盗まれるかもしれない。右を向いても左を向いてもリスクなのが中国である。

北京のシグマ指定の修理代理店に行くことにした。

修理店は、オリンピック会場の近くにあった。他にもニコン、キヤノンなどの指定代理店の看板がかかっており、業務は修理のみ。

受付に提出すると、中年女性がフォーマットに、製品NOやトラブルの状況を書きこんだ。修理費の見積もりの段になって、30代ぐらいのサブ責任者ぽい男性が突然出てきて、決めつけるように叫んだ。

「この望遠レンズ、きっとニセモノだ！」

……アホか。

「私は日本人で、日本で買ったんですけど。日本にニセモノはないけど」

「いや、最近はある！」「そうよ、そうよ」

なぜか店全体で大合唱。あんたたち中国人がもちこんだんじゃないの？

「日本の正規店で買ってます。だいたいもう保証期限も切れてるし、何も変わりはないでしょうが。専門家なのに、本物かどうか見てわからないの？」

「いや、正規品なら修理費は安い。水貨（シュエイフゥオ）なら高いんだ。これ水貨だろう。保証書もないし」

水貨というのは、物そのものは本物だが、密輸の並行輸入品だったり、工場からの横流しなど非正規ルート商品を意味する。

日本では一般リアル販売店に水貨はない、と言っても、この人たちは、生まれてこの方、不正だらけの中国の状況しか知らないのである。理解できない。

だいたいニセモノだと修理費が高いって、それって何だ。勝手に決めているのである。

「保証書はもう関係ないと思って持ってこなかったの。家に帰ったらあると思う。メールで送れますよ」

男性は突然、電話にしがみついた。上海本部に電話して、確認しているようである。

「……それで、本人は自分は日本人と言っている」

正真正銘の日本人だって！！！

「日本のどこで買った？」

「東京の渋谷」

「店の名は？」

「忘れたけど、中国の大中電気みたいなチェーン店」

望遠レンズに記載されている製品NOで、販売の記録がわかるのである。

どうやら一致したらしい。

男性はがっかりした表情で、電話を切った。そしてまた私に言った。

「やっぱりニセモノなんじゃないの。番号なんていくらでも偽造できる。おい、その見積もり部分は値段を書くな！」

だんだん読めてきた。

よくある手口である。つまり私に保証書がないからニセモノ扱いということを納得させ、高い修理費を取る。本部には当然本物で、部品代だけを請求したことにする。差額は皆で分ける、である。もしかしたら、ニセモノにすりかえるつもりかもしれない。

ムカついたが、中国は実はドラフト主義である。もう保証期限切れだからと、保証書を持ってこなかった私が悪かった——と悪くないのに、そう思わせられるのが中国である。

「メールで送るから」と男性に名前とメルアドを聞くと、焦った顔で逃げて、別の若い女性にふった。

帰宅し、保証書をメールに添付した。東京の販売店のハンコといい、印刷された製品NOといい、当たり前だがどう見ても本物である。

そしてメールに、望遠レンズのすり替えがないことを祈る、特急で「修理期間切れの正規料金」で修理してくれ、と書いて送った。

翌日。朝イチに電話がかかってきた。あの最初、伝票を記入していた中年女性である。

修理はもうできたという。

「それは有難う。でもひどいじゃないですか！　日本人が日本で買ったものをニセモノにするなんて。あのきっと修理代を水増しして……」と言ってみたら、突然、中年女性が電話口で号泣した。

「うううう、これがぁ、えっ、えっ、我が中国の国情なんです。私は哀しいです。理解してください。我が国は貧富の差があって……、うっうっ」

この大泣きしてごまかすのも、よくあるパターンである。

午後に、絶対、あの男性は今日、会社を休んでるだろうな、と思って受け取りに行くと、やっぱり休んでいた。

中国人、自分の面子がつぶれそうなときは、ソッコーでいなくなるのである。

修理費は壁に張られた表のとおりの「修理期間外の料金」である。部品代10元（200円）、修理費120元（2400円）。

ちなみに保証書が見つからず、むりやりニセモノ認定された場合は、修理費400元（8000円）。もちろん、ニセモノ料金なんていう表はない。

現場が不正しないようにメーカーが料金表を張る。それより何とか多く、山分けする原資を私からむしり取るために、勝手に決めているのである。

号泣した中年は別の客の対応をしていた。メールの宛先の若い女性が出てきた。レンズはくれたが、伝票をなかなか渡さない。見たら修理費がやっぱり記入されていない！

ちゃんと書け、と言ったら、複写形式なのに私に渡す分だけに書きこみ、本社に送る分や控えは白紙。たぶん部品代だけを書き、シグマにはそれを回すのだろう。

差額はここにいる皆さんで――もちろん大泣きの中年女性も含め――山分けである。

残りの伝票のその部分をじっと見つめている私に、若い女性は、

（いいじゃないの、許してよ、中国給料安いんだから。ちゃんと直してあげたでしょ）

という表情でうふふと笑った。

中国人の面の皮の厚さを感じるのはこういうときである。

それ以上は私も責めなかった。あんまりやると、次、修理が必要な時にわざと壊した

り、部品をすりかえられたりするからである！

こんなのは氷山の一角のその上の雪のひとひらである。

中国、モノとお金とサービスがあるところで、不正のないところは絶対にない。

製造現場なら材料を減らしたり取り替えたり横流しをしたり、流通ですりかえたり、販売、店舗……、私が接するのは最終の店舗かサービス部分が多いが、本当に毎日、不正を見ないことはない。

マクドナルドでコーヒーを買えば、レジを打たない（薄めて販売し、多い料金は後で山分け）。デパートで靴を買えば、伝票を切らない。万引きされたことにして、売り上げを自分のものにするのである。

病院の裏口もたくさん紹介された（私は中国系の病院には行かないが）。スーパーのレジでは、売り場内の通じている特定の店の商品をわざと打ち間違えたり、二重に打ったりする。気づいてサービスカウンターに言えば、その分は返してくれるが、レジ担当者を責めることはない。自分も一味だからである。

郵便局のＥＭＳは、その郵便局全体でデジタルはかりを調整して、料金の上乗せをしていた。受付だけやって、闇で送り料金をせしめる場合もよくある。

日本人からすれば、やることに想像もつかない。しかしワーカーが日本人ほど素質が高い国はないのである。こちらが普通、である。

中国で台湾人の企業が成功しているのは、自分たちのことをよく知っているからである。中国で今、大人気の台湾の火鍋店では毎日、お店が閉まる時、冷蔵庫のニンジン1本まで、在庫リストを取る。そうしないと、いつの間にか持ち出されるからである。

中国のヤオハンは社員の万引きのために倒産した。

日系だろうが、外資系だろうが、ローカルだろうが、不正のない中国の現場は絶対にない。

どんな会社も、黒社会を雇っている

恐ろしい無法社会はまだまだ続く

北京の秋葉原、中関村で「討ち入り」の後の惨状を見たことがある。フロアのＰＣや、陳列用の棚、レジスター、その他が全部、叩き壊されていた。床には、液晶画面の破片がちらばっている。

関係者に聞くと、若い男性が十数人で来て、棒を持ち、派手に暴れて行ったという。事前に話が行っているのか、警察に連絡してもすぐにはこなかったそう。惨状を見て、客はよりつかない。

「だいたい週に1回は、こういうのあるんだよ。先日は鼻をへし折られたヤツもいる」

ちょうど取材中だった近所の店の従業員は、ケンタッキーフライドチキンをパクつきながら、教えてくれた。

ネットでもちょっと検索すれば、監視カメラで撮影されていた、こういう「討ち入り」のビデオが山ほど出てくる。

なぜこんなことが頻繁にあるのだろうか。

中国のほとんどの会社は、懇意な黒社会系の自警団（会社）を持っているからである。目的は、取り立て、トラブルの仲裁である。

中国の会社が支払いをしないのは、すでに国外でも有名である。

もちろん債権があるほうも黙っているわけではない。貸したほうが高利貸しなら、もちろんそのへんはプロである。

普通の会社も、討財公司（タオザイコンス）（取り立て会社）に気軽に取り立てを頼む。

彼らの取り分は借金の30％から40％である。悪名高く、期日までに返せない場合は、債務者の小指から1本ずつつぶしていくとか、農村なら債務者の妻、娘を売りとばすのは当たり前。ちなみに女性は、いまだギャンブルの掛け金にもされている。

そして貸し手が逃げそうになれば、手下を派遣していっしょに住まわせて見張ったり、もちろん誘拐、暴力はお手の物。車でちかづいて、ひょいと担いで乗せてしまう。

そのあと、腕の1本や2本、なくすのは日常茶飯事。相手が経営者なら二号さんを順番に殺していったりする。

本当にごくふつうの会社の社員が、

「取引先が何を言っても払わないので、彼らを手配した」

などというので、ゾッとする。

日本で言われる「内臓売り」も中国の場合は販売流通システムが完備しているので、ギャグではない。

私は母に、「いつまで中国にいるの！　年いったらどうするの！」と言われると、

「大丈夫よ。掃除に来た小姐（シャオジエ）が内臓売って、死体も処分してくれるから」と、返すことにしている……。

先進国でよくある、事故死に見せかけた保険金サギは、中国の保険会社は病気だろうが事故だろうが、理由をつけて支払わないので、あまり使われない。

こういう関係が発達する背景には、中国の法のなさがある。犯罪でも商業でも機能していない。裁判にかけてもムダ。法律上の責任を逃れる方法はいくらでもある。

特に地方ほど、警察、黒社会、政府、裁判所、軍が一体となっており、ほとんど無法社会である。また政府系の大企業ならば、バックについている軍が自警団代わりになっている場合は多い。

会社からだけでなく、給料が支払われなかった労働者の実力行使の仕返しもよくある。

社長が乗った車の爆破事故は頻繁にある。

炭鉱成り金が続出した山西省では、車に乗せていた１００元札が老板（経営者）の命とともに空に舞い、農民が群がった。毎日、映画のような事件が本当に起こるのが中国である。

外資なら台湾人社長の殺人も多い。中国の日系企業の日本人社長なら、監禁はストでもある。乗った車が爆破された、という話はまだ聞いたことがない。

中国、環境汚染のウラのウラ

金持ちはプライベートジェットで、脱出

報道で誤解されているが、中国の大気汚染というのは、年中ひどいわけではない。中国全部でもない。春から秋は、日本並みの日も少なくない。ひどいのは北方の冬である。

2013年の2月。北京のPM2・5の数値がまさに700を超えようとしていた時、私は北京首都空港の、海南島行きの飛行機の中にいた。

座席の窓からは、黒い空に次々飛び立つ小型プライベートジェットが見える。

中国の要人だろうか?

しかし彼らはふつう、大型機のみに乗り、その周囲を軍の飛行機が護衛するから、「集団」(企業グループ)の代表クラスかもしれない。商人だが、中国ではイコール官である。もしくは、民間新進企業の若い社長たちである。

中国の彼らにとっては、プライベートジェットは別に珍しくもないアイテムである。若い社長たちの飛行機愛好クラブもある。

小型ジェットはふつうこの大型機エリアでは見かけないから、割り込みだろう。

私の乗っていた地方弱小の南方航空の飛行機は行列の後回しにされ、3時間遅れて離陸した。眼下の北京はすでにゾッとするスモッグに覆われていた。

着いた海南島は中国で一番空気のきれいなところである。プライベートビーチとプールを持つ巨大な5つ星ホテルがずらりと並ぶ。

官僚が官費で来れるよう、会議場も多い。道はベンツや大型ＢＭＷなど高級車のみで渋滞しており、ホテルでは北京からの家族連れがたくさんバーベキューを楽しんでいた。

別荘や短期の高級貸しマンションもたくさんある。高いものから年単位で埋まる。

中国人の金持ちは、自分はやむなく北京で仕事でも、子供は欧米に留学させ、老いた両親は海南島に送りこむ……。

生きて帰れば、80点の国

同じころ、北京では幼い子供と妻を連れてきた責任感から、半分ノイローゼのようになってしまった日本人駐在員パパがいた。

北京の大気汚染は冬以外は、いい日に悪い日が混じり、たまにドカーンと大当たりがある。だからよくよ考える前に、中国の金持ちのごとく妻と子供だけ、とりあえず帰国させるとか、冬休みの時期の発生も多いので、南方に旅行にいかせるとか、時間をかせげばいいのだが、会社の視線やいろんなことを考えて動けなくなる。

一言でいえば、まじめすぎるのである。強度のストレスで、30代、40代でハゲてしまった日本人男性はけっこう見る。

中国で生き抜くのに必要なのは、人の言うことを聞かない「ヤンキー力」である。

しかし日本だとそういうタイプは大企業に入れない。サラリーマン金太郎はやっぱり漫画なのである。しかし中国には、官にも大企業にも、サラリーマン金太郎どころか、ヤクザ官太郎みたいなのがたくさんいる。

中国人たちに駐在パパの話をしたらそろって一言、「很弱(ヘンルオ)！（よっわー）」。

まじめな日本人、中国ストレスにやられて、脳梗塞などにやられる人は少なくない。そこまでいかなくても、軽いノイローゼになったり……。

ここで日本にいるときと同じ要求の高さで暮らすと、精神が破綻する。

駐在でも留学でも、この国に来たら、人がなんと言おうと「日本に無事に生きて帰れば

80点」ぐらいに気楽にかまえていたほうがうまくいく。

まあ、オフィスやマンションにいる人はまだいい。

冬も夏もこの大気の中に、1日中いるのが、路面の商店員やタクシーの運転手、建築作業員、そして今、大ブームのネット通販で1日14時間、自転車やオート三輪で配達に駆け回る「快逓(クワイディ)（宅配便）」の配達員である。さらにここ1年急激に伸びてきたのが、複数の店から外食から買い物まで配達を頼めるサービス。

やはりバイクに乗った配達員が、ファーストフードやレストランやコンビニをかけまわって商品を集め、家まで届けてくれる。

こういう人々は、マスクをしていたら仕事にならないし、ストレスで吸う安タバコも飲む酒も偽物。酒のアテの屋台は100%問題のある食品。

ワーカーは寮暮らしも多いが、自分で借りれば中国の安い部屋は壁のペンキの裏がカビだらけだったり、雨が降れば汚水槽になる地下部屋だったりする。

病気になっても保険はなく治療費は日本より高い。簡単な手術でも年収の20倍もすることが普通。都市の中流以上は最初から、絶対彼らに近づかない。最後は借金の話になるからである。

北京の大気汚染が極端にひどくなったのはこの4、5年である。

一番ひどかったのが、この2012、3年ごろ。庶民から大ブーイングが巻き起こって政権すらあやうくなったのと、景気の減退で、報道とは違い北京はこの1、2年は、データー的にも体感的にも、少しましになっている。汚職のひどい地方都市とちがい、北京は政府のおひざ元で、工場がまだ言うことをきくからである。

私は、現在はパナソニックの空気清浄機と3M（スリーエム）のPM2・5対応高機能クーラーフィルターでしのいでいる。高濃度の日もガーッとクーラーを回し、家にいれば、まあ不快感はない。意外と効くのが、床の水ぶきである。この時期は、冬は毎日床拭きをしていた。

以前、柏崎の原発内部を見学したことがある。実は原発というのは中心部分も敷地内のオフィスも毎日、人の手で緻密に拭き掃除をしてピカピカである。ホコリの大きな粒子に小さな放射性物質がついて空中を舞い、人の体に入ると健康を害するからその防止にやっているのだが、なんだか似てるなぁと、思いながら毎日、拭き掃除をしていた。

今でも1カ月でクーラーに付けたフィルターはひどく変色し、ランニングコストが月1000円。中国でこれを払い続ける人は少数派である。

弱者に集中する環境汚染

中国の環境や食の汚染は、日々日本でも報道されている。しかし実際は日本人が旅行にいってホテルで食事をしても、そんなにひどい目にあうわけではない。

中国の汚染は、もっと弱者に極度に集中する仕組みになっている。

そして普通の人々は地雷をよけながら、何とか暮らしている状態だろうか。

朝一番。北京の「普通」の市民で、朝一の水道の水を使う人はいない。

新聞は有名ブランドの水が水道水だった、飲料水供給源の河の汚染物質が基準超え、という記事でにぎわっている。それも怖いが庶民の関心は昔からもっと身近なところで、配管である。

北京の昔の配管には、鉛をはじめ有害物質が含まれている。やっとそれを考慮した製造基準ができたのがここ数年で、しかもいっこうに守られてはいない。

新築であろうが朝一の水はうがいもできぬほど不味い。飲用、料理用の水は全部、鉱泉水を買っている。最初は有名ブランドの水を配達の桶で買っていたが、あまりにも偽物が多く、スーパーからの調達に切り替えた。ひとり暮らしの水代は日本での3倍で、その17%は税金である。

メーカーの調査では、安全な飲み水を買えるのは、人口の3割で、しかも本当に安全とは限らない。家庭用の本格的な浄水器もバカ売れで、環境安全ビジネス、今、大繁盛である。

身の安全を守るには、買い物の場所も重要である。

一般的には大手のスーパーで買えば「比較的」、本物が「多い」とされている。形だけでも一応は農薬と検疫検査もあり、看板だけでも営業許可を持つ正規業者から仕入れる。その分、高額の税を国に納め、諸経費が乗った商品は高い。業者からはショバ代を取る。

大手スーパーの商品が本当に安全かは別の問題だが、正規外の安い店で買えば、ほぼニセモノ。安全はまったく保障されない。

ワーカー用の小店をのぞくと地下製造の偽調味料がずらりと並んでいる。偽シャンプー、偽石鹸、なんでも安い。店に入ると不法再生プラスチック食器の匂いで吐きそうになる。

油は私はここ数年、スーパーで輸入のオリーブ油の「原装」しか買ってない。原装というのは原産国で瓶詰めしたものである。

樽で運び中国国内でボトリングをすると、大手メーカーでも100％混ぜ物をする。ドブからさらった油を再生するというので、有名になった地溝油だが、あれは原料は高級料理店、中級料理店からの残飯油も多い。

街で見ていると、たいていのレストランに、夜、農民の2人組が毎日やってきて、重い専用桶をダッシュで運び出す。従業員の小遣い稼ぎだから、なくならない。それを再生、販売するルートは確立しており、丹念に調査報道した中国の記者は刺殺されている。

再生した油は主に屋台、小店舗などに販売される。鉄板の上でそれをたっぷりかけながら、発泡剤で作ったハンペン、石膏入りの豆腐、病死の動物の肉、高濃度の農薬でスーパーに納品できないニラなどを香ばしく焼き上げる……。

北京でも郊外の地下鉄の出口に、こういう屋台が並んでいる。

イキがって食べてはいけない。

しかしそういう食品が主食な人もまた多い。こういう店の特徴は安いにつき、また値段からしてそういう材料でないと作れない。

肉も同じである。

農村から牛、豚が運ばれてくる。

北京は郊外に検疫所があり、ここで病死の動物ははねられる。

が、専門のヤミ業者がおり、捌(さば)いて周辺の店舗や屋台に安く売る。北京は家賃の高騰で、出稼ぎ農民の多くが郊外に住む。病死肉の一部はニセの検疫印が押され、市内のスーパーに卸されたりする。

もうこうなってくると、中国人にならって、自分の指で売り場の生肉を突いたりひっくり返して判断するしかない。

しかしホルモン剤や薬剤の添加は触ってもわからない。ハムなどの加工品は極力買わない、中国人のように何でも自分で作るぐらいしか、手がない。

意外なところでは、肉はたくさんある回族（イスラム教徒）の店から買うという手がある。彼らは古くから北京の牛、羊の精肉業、飲食業をつかさどっている。

代々家族経営で、すべて独自ルートであり、宗教的理由から極端な悪事はしない（と信じられている）。実際に品質はいい。

ちなみに、中国で食べて一番おいしかったお肉は、中国の友人づてでもらった、モンゴル人が自家用に育てた羊肉である。

お正月用に蒸して調味して保存用にしてあるものを、巨大なタッパーいっぱいにもらったのだが、本当に箸がとまりません！

家庭用に、これだけは薬も打たず！　自然のものだけを食べさせて育てているのだとか。……とすると、ふだん食べている羊には何が入っているやら（泣）。りんごも同じで、これは山東省の農民が、やはり自家用に作ったものが一番、おいしかった。

最近の贈答品の決まり文句は、「これ、無農薬だよ。親戚の自家用で……」である。拝金主義の国で、無料の物が一番安心でかつおいしいというのも皮肉なもの。

野菜も、安い路上で買えば、土地を持たぬ、正規の入札資格も資金もない農民が、廃棄物の川の横で育てたものだったりする。

しかしスーパーで売っている無農薬野菜を本物と信じるような北京の住人はいない。

そういう農場で検査用に1メートル四方のみを無農薬にしたら、鼠がそこの野菜だけ食べた、という話があり、かつ割高なため、腐って売れ残っていることが多い。

それを漂白剤につけたりカビた部分を隠して売る。

新鮮な農薬漬けか、シナシナになった無農薬か、常に選択を迫られるのが中国である。

最近はご近所さんたちお勧めの野菜専門店で買っている。

山西省の村おこしの正規店で売り手が生産者である。すぐ売れ切れるので、果物など熟してから持ってくるのでおいしい。が、環境汚染でよけい長生きしそうな北京のジジババに混じって、朝一の争奪戦に行かないと売り場から商品がなくなる。

またスーパーで貝を見かけることが本当に減った。経済発展した沿岸がほぼ全域、重金属で汚染されているためで、基準に達しないからである。買う人も少ない。

汚染が少ないからと、ノルウェーのサーモンなどが販売されるようになり、日本より高いがよく売れている。が、非正規市場では貝もよくある。

魚も養殖池にピルをほうりこんで太らせたり、家も安い建材だとアレルギーを発症し、車もニセモノだと内装からのホルマリンで目をやられ……と書ききれないが、ようは安全確実なものが、水、空気、土、商品、何一つない。

しかし官僚用は別。一度彼らに配られたお正月用海鮮チケットを入手したことがある。そこにある番号に電話をすると、市場では絶対見かけない良質のエビ、カニ、生ガキを詰めた大箱が自宅まで届けられた。

軍や国営企業の秘密農場

さらに中国らしい、権力的汚染格差がある。

中国の軍や大国営企業は、50年代から自給自足のために農場を持っていた。現在も自分たちのためだけに市場に流れない安全な農産物や畜産物を作る。2011年は北京の税関の秘密無農薬農場が話題になった。

北京にいると、時にこの手の横流し品が流れてくる。以前住んでいたマンション内の青物屋さんが、

「このお米は政府の農場で、そこだけ無農薬で作っているの。５袋だけ届いた。あんたは買いなさい！」

ちょっと高いが、店のウラに置き、買いそうな客にだけ勧めている。食べてみると本当においしい。

政府の要人も同じだろうが、中国人は、権力があればいい目に、貧乏人は酷い目にあうのが当たり前としており、拝金主義になる。

北京郊外の自営農場付きの別荘が売れたり、成功したＩＴ企業の老板が有機農業を自分でビジネスを兼ねて始めたり、というのは、アメリカのようである。

水と大地の汚染

中国のさらなる格差が、都市と農村の汚染度の差である。汚染は、基本的に工業地帯で多発する。

北京は単に外国人記者が多いのと、首都でニュースバリューがありよく報道されるが、別に中国トップの大気汚染都市ではない。そもそも世界レベルで見れば、大気汚染都市トップは中国でなくインドである。

中国ワースト3はやはり内陸の工業都市である。また古くから工業地域の東北は肺がん多発地帯でもある。

北京から近郊の工業都市、保定へ車を走らせると、道の途中から酸っぱい匂いが立ちこめてくる。道の両脇は都市から集めたペットボトルの不法再生の家内工業が並ぶ。そのすき間に野菜が植えられ、子供が遊ぶ。

で、路上にはその野菜をせっせと食べたロバの料理店などもある。

保定の大気汚染は、よく中国ワースト3に入る。ここは、中国ローカルの自動車産業が盛んである。冬に行くと、空気が真っ白で自動車は徐行でしか走れない。

水も、北京に住んで水道の質がどうのこうの、と「贅沢」なことを言っているが、農村は水道がない方が多い。そういう村では工場の汚染水がそのまま土壌にしみこみ、地下水を汚染しそれを飲用とする。

電池工場からの鉛流失、農薬工場からの水源汚染などで、農村や工業地帯では奇形児出産や肝臓障害が多発して、暴動がよく起こっている。無学ゆえに危険な仕事に従事するのもある。

現在、中国全土で中国政府が認めたガン村（環境汚染によるガン多発地帯）は約200。

これは別に今に始まったわけではなく、2001年、私が北京に来たときに、すでに現地の日本人記者たちは、「中国は奇形の実験場」と言っていた。中国の学者も警告を出していた。

結局、予測されていた環境汚染がまったく止まらなかった理由としては、経済優先――という名の汚職である。

見張るべき（当地）政府は汚染企業と一体化している。それを取り締まる環境部は地位が低く、誰も言うことを聞かない。罰金が安い。汚水を垂れ流して罰金を払ったほうが、コストが低い。

大気汚染も、北京のPM2・5の2割は排ガスで（北京市発表）、手っとり早い対策は、中国の超低質なガソリンの品質アップだが、設備投資に多額のコストがかかる。

これは何年も前から言われているが、中国石油化工集団、中国石油天然ガス集団と中央政府の汚職が深すぎて進まなかった。ここは東北と内陸に油田を持つ。2013年9月に幹部がつかまり、品質改定の通達も出たが、過去には実行された試しがない。

汚染の原因は暖房説もあるが、主ではないだろう。北方は昔から石炭で焚くスチーム暖房だが、過去にこの種のスモッグはなかった。冬にひどくなるのは風向きも大きい。

北京で国際会議などがあり政府がむりやり「偽青空」を作る時も、措置は工場閉鎖と自動車の規制で、暖房に手をつけたことはない。昼だけ消せとか温度を下げろといっても中国人は従うのにである。そして工場と自動車の規制で空は見事に青空になる。

日本の報道に暖房説が多いのは、自動車メーカーの広告に遠慮しているのではないか、と私は思っている。

中国の官僚と商人がセットのチームは、儲けた金で外国へ逃亡準備万全である。残ったのは汚染の大地と病気だけ。それだけでも逃げられない庶民は怒り心頭なのに、現在、中国全土を異様な物価高が襲っている。

原因は不動産バブルである。北京へ来てから私が一番長く、借り換えて合計10年近く住んだ五道口の華清嘉園というマンション群は、その値上がりぶりが日本でもニュースになった。

2002年に新築で借り、その前年度に大家が買った値段が6万8000円／平米。100平米の部屋だったから、最初は680万円。友だち同士で棟ごと、フロアごと、まとめ買いで、300万、400万円で買った人もいる。

その翌年にさらに倍になった。そして見る間に億ションになった。

中国人たちはこの間、手に入れた1室を担保に、表と裏の各種ローンを繰り返してネズミ算的に100室にした人もいた。

同じことを上から下まで権力、財力、人脈力ごとに棟単位、開発地単位でやった。政府は自分たちが儲け尽くすまで転売税はかけなかった。

現在、不動産は高値止まりで動かず、下手に下げると国が崩壊する。乗っかり儲けた人も多いが、13億では少数である。

実体のなさを庶民に転嫁して、地代や家賃、物価の上昇に、人件費上昇は追いつかない。企業もまともなものはつくれず、店も上がり続ける店舗代で安全な食事は出せず、庶民は働きは全部高い家賃かローン、生活必需品に持っていかれる。ボロ家が年収２００年分する。

その金でスポーツカーを乗り回す富二代（ファルダイ）（官僚、企業家など中国の高度成長に乗り、莫大な富をきずいた人々の子弟）の排気ガスを浴びながら、あらゆる汚染の中で安全性の低いものを食べざるをえない。

２０１５年9月、北京で「中国人民抗日戦争勝利70周年」の記念軍事パレードが行われた。平和な日本から見れば、武器オンパレードで恐ろしいものに見えたかもしれない。が、中国のなかに長くいる私と、中国人たちの意見はほぼ同じである。

「思ったより、地味だったね」

本来ならば、町中に反日アピールや戦争時の写真が張り出されてもおかしくない。以前はそうだった。

しかし今は、政府が何を言っても、何を持ちだしてもムダというぐらい、人民は心の底から冷めている。そして豊かになった中国人中間層が、日本に買い物に来る。環境の良さを知る。それは口コミであっという間に広がっている。

今、政府は人民を腫れものにさわるようにあつかっている。

中国人の問題解決法──いやがらせ

先払いでリスク・マネジメント

中国で暮らしていると、ごく簡単な問題が、こじれにこじれてどうしようもなくなることがある。

ある日、中国のマンションでお風呂に入っていたら、とつぜん停電した。上を向くと、電灯の横で火花がぱちぱち散っている。

中国に来た当初なら、キャーッと叫んだだろうが、今や身も心も中国人化しており、こんなことぐらいでは驚かない。

感電しないようにそっとバスタブから出て、体を良く拭いてから、棒でスイッチを一応切る。廊下に出ると灯りはあるから、私の家だけがショートしたのだろう。よく見ると電灯のところから水がぽたぽた落ちている。上の階の水漏れである。

マンション管理部に電話した。

香港ディベロッパー開発のここは24時間体制で、15分ほどですぐに工事の人がきた。しかし、彼は電灯につながる電線をスイッチのところでパチンと切っただけで、「没問題！」という。そしてブレーカーをあげた。

「上が水漏れしてるからショートしたんだよ。そこを直さないと、ダメ！　火事になるし、その前にもっと停電が起こるよ！　明日でいいからなおした方がいい」

「没問題！」

翌日、管理部に電話するもいっこうに処理されず。大家にも連絡したが、管理部も大家も「没問題！」というばかり。自分の財産が燃えてしまってもいいのだろうか。

中国人には、ことが発生するまえに防ぐという近代思想はない。

そもそもこの大規模なマンションで誰も火災保険に入っていないのである。

ちなみに私自身は、海外傷害保険のなかに賠償で1億円の枠があり、部屋が水漏れしたり火災を出して人に迷惑をかけた場合は補償される。

しかしそれがあることは絶対に大家には言わない。悪用されるからである。

どうしても修理しないようであれば、危険なので引っ越すか、などと思っていたら、予想通り、2日後にフロア全体の大規模な停電が起きた。

ようやく工事の人が来た。しかし私の洗面所エリアの電気を封鎖しただけで、また帰っていった。たしかにとりあえず火事は起こらないが、私はどうなるんだ。

中国人には抜本解決という先進的思想はない。

私は毎日、真っ暗な中で入浴することになった。もちろん大家にも何度も連絡しているが、動かない。

なぜならば、半年分の家賃を先取りしているからである。

それがある限り、基本的には住人はすぐには出ていかない。契約がどうであれ、大家が残金を返さないからである。中国は優良物件は争奪戦で、こういう先払いが当たり前である。またトラブルが多いから、先に金を取ってしまう。

管理部にも何度か言ったが、そのたびに新人をたらいまわしにして出すという戦術に出る。新人は来て同じことを何度も聞く。

上階には韓国人が住んでいたが、そのたびに同じ目にあって気の毒だった。つまり、この韓国人の部屋の大家が雲隠れして出てこない。

なぜかというと、出てくるとこの部屋の浴室の床を修理しなくてはならず、費用がかかるからである。

私はこんなことで訴訟するのもアホらしいし、家自体は気に入っている。

どうせ、次の半年分を払う前に、大家があわててなんとかするだろう、それまで何を言っても無駄である。洗面所の電気がつかないだけで、別に他は支障はない。

とにかく何カ月かはそのまま生活をすることにした。

やがて、次の家賃支払いの時が近づいてきた。

私は何も言わなかったのだが、理由をつけて次の家賃を払い渋られると困ると思った大家が、何も動かないマンション管理部に電話攻勢をかけた。

その数、なんと1日に100本以上。

この大家さんは女性のエンジニアで政府系の機関につとめている。もともとかなりエキセントリックなところがあるのだが、切っても切ってもかけてくるその電話ぶりはすさまじいものだったらしい。

中国での生活での秘訣に、相手が困ることを徹底的にする、というのがある。が、日本人の私はできない。

すると突然、管理部が、今から行きます、と電話をしてきた。

自分からとはお珍しい、と思ったが、ピンポーンと鳴ったチャイムにドアを開けると、なんと制服を着た警官が、管理部のマネージャーといっしょに立っていた。

「なんで警官なんですか？　あのお風呂場の水漏れが半年直らないんですけど？」

つまり大家の電話攻勢に恐れをなした管理部が、私の部屋を訪ねるのに、身の危険を感じて、警官を要請したらしい。

たかが水漏れが、警察沙汰になってしまう。それが中国である。

幸いに私は、この件が起こってからの事態を、全部中国語で記録していた。なぜかというと、自分の大家さんに説明するためである。

人というのは、クレームでも意外といつ何がどうなったか、記憶があいまいになる。客観的に記録で残しておくのは、商社で貿易クレームを担当していたときの習慣でもある。

今まで自分でしか見たことはなかったのだが、警官をパソコンの前に呼んで、記録を見せようとすると、管理部のマネージャーが、後ろから警官を捕まえて「見ちゃダメ！！！」と叫んだ。

公務執行妨害をしてどうする。

しかし警官はやってきて、ちゃんと読んでくれた。

ただの過程を書いた記録なのでどうということはないが、真実味はある。

「私は被害者なんですよ。水漏れがなんでこんなことになるんですか？　もう半年近くもお風呂場の電気がつかないんですよ」と言ったら、「彼女の言うとおりだ」と強くうなずいて、アホらし、という表情で先に帰って行った。

この後、何度か管理部が来て、いっしょに上の階をたずねて状況を聞くということがくりかえされた。住人の若い韓国人男性はいたって気のいい子で、何度も管理部の違う人にこられては同じことを聞かれても、イヤな顔もせず「ボクも大家にずっと連絡しているんだけど、こないんですよ」と言う。

ちなみに修理は元の施工の問題で、全部取りはらって防水措置をしないといけない。スケルトンで家を渡し、内装は持ち主がやる中国式では大家の責任になる。たしかに手間だが、費用は3、4万円で、そこまで逃げることだろうか。あんた、億ションのオーナーでしょうが。どうせひとつじゃなく、いくつももってるんでしょうが。

出すものは、舌も出したくないのが中国人である。

一向に姿を現さぬ上階の大家に業を煮やした管理部が、次に取った措置はすさまじいものであった。

上階の部屋の水道の元栓を頑丈な南京錠で封鎖したのである！！！

可哀そうなのは韓国人で風呂どころかトイレもできない、水も飲めない！

そしてついに上階の大家が現れた。

私の部屋のドアを何の前触れもなく叩き、お風呂場を見たいといったその人が、女性だった時の衝撃は忘れられない。小太りの金持ちそうな、けっこう美人の女性だった。

そして中国人の定番通り、一言も謝るでなく、風呂場をちらりと見て去って行った。

そして上階の水漏れは修理され、洗面所の電気はついた。

これを何カ月か早く点けるために、日本人の私にあのすさまじい行動の数々ができるか？　大家にとっとと点けないと、家賃を払わないぞと脅せるか？　お人よしと言われても、やっぱりできない。

私の部屋の大家の電話攻撃、管理部の水道封鎖といい、彼らの問題解決の基本は、相手のイヤなことを徹底的にする――いやがらせである。

ちなみに、中国で中国人女性と同棲していた日本人男性がいた。

いろいろあって別れることになったのだが、その後、彼女はお金を要求してきた。

男性は応じなかった。

で、女性がとった手段は、会社への乗りこみである。

最後には、建物のガードマンを呼んで――、当然ながら金を払い、念書を取るという始末になった。

また中国人女性と組んで、ビジネスをしていた日本人男性がいた。

この女性は、本来母親の友だちであり、別に特別な関係ではない。北京人で会社設立のときには世話になった。

男性には日本人の奥さんと、幼稚園に通う子供がいた。

ある日、毎日会社にくるだけで、キーボードの英語すら読めず、まったく働かない中国人女性に愛想が尽きた男性は、クビを申し渡す。

すると中国人女性は、男性の子供が通う幼稚園に毎日通い、騒ぎたてた。

まず、奥さんが子供を連れて帰国した。最後には、男性も会社を畳んで日本に帰った。

ここはアウェイ、中国人がその気になってしまったら、日本人が勝つのは容易ではない。

余談だが、その水漏れの部屋は、私が引っ越した後、マイクロソフトに勤めるアメリカ人女性とそのヒモのユダヤ人が住むことになった。

このユダヤ人がまた大家に負けず劣らず、ドけちでしたたか。

(ハブ対マングースでこころゆくまで戦ってくれ)

早くもマンションの入り口で口論を始めた2人を背に、私は引っ越しの車に乗った。

田舎者・中国人を理解する

世界を変える田舎者の力

中国人と日本人は外観は似ているが、価値観やそれに基づく行動が大きく違う。

中国人も、もちろん家族と自分の幸福、健康、能力の発揮、豊かな生活……、などを願っている。

が、社会と歴史があまりに違うのでその達成方法が違う。

数年前に、中国で「上門女婿（シャンメンニュイシ）（ムコ殿、お届けします！）」というテレビドラマが流行ったことがある。

辺鄙（へんぴ）な農村の貧しい家から都会に出てきた大学生が、同級生の美女と恋におちる。青年は、まじめだけがとりえ。

で、なぜかこの美女が、たいしてイケメンでもないこの青年に首ったけである。

美女の家は、大きな事業を経営しており、事情があって母親が社長をやっている。青年は美女と結婚し入り婿になる。

ムコ殿は新婚旅行に外国に行けば、世間知らずで詐欺にあうわ、ホテルで備品を持ち帰ろうとしてバカにされるわ、「婚家」でもなかなか認めてもらえない。

しかし最後には、その粘り強さで家族皆の信頼を勝ちとる。ついには母親が経営している会社をまかされ、会社のみんなも老総（社長！）と呼んでくれる……、というストーリーである。

これはシリーズになるほど大人気だったのだが、正直、そんなに面白いわけではない。そもそも、いったい誰が視聴者なんだろう、と考えてふと、思い当たった。

農村出身の若者である。

ブルーカラーの農民工しかり、大学に入った男の子しかり。

これは都会に出てきた田舎者男性の夢なのである。

戸籍差別や地方出身者差別のある中国において、彼らが都会で成功するのは本当に難しい。しかし都市の女の子と結婚できれば、まずその戸籍の問題が解決する。さらに彼女の家庭が持っているコネクションがある。

結婚できればそれが全部、自分のものになる。

もちろん中国の都会の女子にはそういう思惑のある男子が殺到し、ただの地方出身者など、はなもひっかけられない。だからこそ、こういう物語が人気を博すのである。

さらに中国の都会と田舎の、すさまじい環境の差がある。

オレだって、田舎者だよ、フン、ムカつく、というそこのあなた。

あなたの故郷に、地面を掘った竪穴式住居で暮らしている人はいるか？（山西省）部落の男同士で棒をもって討ち入りしているか？（南方ではいまだ頻繁）街に来て地下鉄に子ブタを乗せようとして怒られたことはあるか？　生きたニワトリがひっかかって、その場で絞めることはできるか？

また実家に帰ると中学校の校長が女生徒を買春に売りとばしていたが、地元の有力者のため、誰も捕まえられない、いやそもそもその売りとばし自体が警察と黒社会といっしょにやっているなんてことはあるだろうか？

中国では普通で、しょっちゅうニュースになっている。

日本の田舎など、中国人からすれば田舎ではない。日本を旅行した中国人がよく、「おれは人生の理想郷を日本で見た！　日本の農村はなんて進んでいるんだ。街と格差がない上に自然がある！」という内容のコメントをＳＮＳに流している。衝撃らしい。

留学していた時に、学生が田舎から来た友人とご飯を食べようと誘ってくれたことがある。――ま、大都会、北京でオレも外国人と友達になったんだ、と見せたがること自体が、すでに田舎モノではある。いや学生だけではなく、中国のローカルの小さな会社に日本人が勤めていると、「見せ用」にしょっちゅう駆り出される。

田舎に残ったままのその友人は、バスケットをやっているそうで、背が高い。気をつかったのだろうが、服装も都会の男の子と何ら変わりない。イケメンで、一言でいうとけっこうかっこいいのである。

しかし「先に都会学生」が学生街の胡同のボロいレストランに案内しようとすると、イケメンの友はビビった。

「あんな明るいところ、こんなかっこうや靴じゃいけないよ！　オレだめだ、恥ずかしいよ！」

そして道にしゃがみこんだまま動かなくなった。

また、山の中の実家に帰るバスにかならず山賊が乗り込んでくる、という子もいた。一種の定番エンターテイメントになっており、まあお金を払えばだいじょうぶだそうだが、それでもたまに人が殺されるそうである。

警察は彼らと一体化しており、ほとんど意味をなさない。

田舎とか地方と言っても、日本の上京大学生とはその程度が違う。今のエリート中国人の大半は、そういう時期をくぐりぬけて外資系企業に勤めたりしている。

今、私は老北京を研究する、生粋の北京人たちのサークルに入っている。

彼らは、年齢も社会階層もいろいろだが、皆、二環路内、つまり日本でいえば皇居を中心とした山手線内で育った街の人である。

中国人らしいサービス精神旺盛な部分以外は、そのシャイさやいろんなやりとりは本当に普通の日本人と変わりはない。コジれてないのである。

そしてふと気がついた。一般中国人の、あの異様なまでのプライドの高さは、田舎者としてのコンプレックスから来ているのではないかと。

私が日本人と知った彼らの最初の質問は、たいてい、「日本のどこ?」である。

「大阪出身だよ。日本の二番目の都市で、上海みたいな感じ」

というと、いきなり尊敬を勝ち取れる(笑)。東京から来た、と言うともっといい。

そもそも身内や知人に異様に甘く、知らない人には氷のように冷たい(愛想よく騙すのも含めて)というのは中国の農村の発想なのである。日本人がひく、いきなり給料や婚姻の有無を聞いて説教するのも同じ。

外国人に過剰なまでにサービスしてくれるのも、逆にぼったくるのも、そうだろう。

もちろんマイナス面ばかりではない。

彼らの、あの異様に体力のあるところ、仲良くなると素朴な親切を見せてくれるところ、何でも大きいものがいいところ、やたら権威に従うところも、つまりは「田舎者」なのである。

人は、その優位性でなく、コンプレックスに人生を左右されることが多い。プライドの高い中国人は扱いにくくはあるが、地方出身者は優秀でパッションの高い人もたくさんいる。都会と違って大学受験に上げ底もない。いい参考書どころか、教科書すら満足になかった環境で這い上がってきている。鍛えられ方が違う。

世界を変えるのは、やっぱり田舎者なのである。

毛沢東も湖南省のド田舎の出であった。

庶民にすら宮廷文化が浸透している北京や、植民地で早くから欧米文化のある上海に来て、さぞコンプレックスを感じただろう。

さらに鄧小平がフランス留学帰りだったように、当時の共産党幹部の大半は海外留学経験がある。毛沢東だけが海外に出たことがなかった。

政治家として、偉大なる田舎者でありつづけるために、行けるようになってもあえて行かなかったのかもしれない。

上海出身の政治家は上海は統治できても、中国全土は難しい。毛沢東は地主の息子だが、それでも農民の気持ちや行動原理が手にとるように理解できた。

習近平は、本来、共産党幹部2代目でエリートである。彼がなんとかやっているのは、若い時に下放（都市部のインテリ青年、少女たちが僻地、農村に送られた）され、農村で10年すごしているからである。

中国人がエゴイストな理由

恩を仇で返す、エゴイストだ……、という中国人に対する批判を日本人から聞くことは多い。

具体的には世話をした留学生や知人にダマされた、いっしょに仕事をしても、自分のことしか考えないので不愉快になる、金ばかり、ということだろうか。

長く中国に暮らす私もそれは否定しない。やっぱりあなたもそうですか、という思いを何度もしている。

ただ実感として、このなかで暮らせば、そうもなるわなーという思いはある。

簡単にいえば、中国人というのはバスジャックされたバスに長期乗っている乗客なのである。

運転席の近くには、包丁と拳銃を持った男が座っている。犯人の許可なくては永遠に降りられない。

中国人の出国は、今も日本人のように自由ではない。昔——といっても90年代初頭だが、仕事で日本や海外に駐在する場合も、家族は中国国内に置いていくことが規定できまっていた。夫婦いっしょに海外出張はできなかった。事実上の人質である。

2000年代になり、出国はかなり緩和されたが、それでも最初は政府関係者、都市部住人、富裕層に限られていた。

つまり、「中国にいることによって、能力にかかわらず人よりいい暮らしができる人」限定だったのである。逃げないからである。上記条件を満たしていても反政府思想の持ち主は不可。

そこまで選んでも初期の中国人団体海外ツアーでは、かならず1人は亡命する人がいた。特に人権主義の欧米では多かった。日本に亡命しても、本国に送り返されてもっとひどい目にあうので少なく、我々が知らなかっただけである。

現在でも観光旅行ですら簡単にビザが下りない人が、人口の6、7割はいる。

つまり大半は、外に出ることもできず、包丁を持って座っている犯人と、その取り巻きの顔色をうかがっているだけ。

長期なので、客同士でしゃべったり、カードで遊ぶぐらいは認められている。

犯人のほうも実は客が怖い。いつ客が共同戦線を張って自分に牙をむいてくるか、個人でテロをいどんでくるか、うまく外に出てバスを転覆させるか、戦々恐々である。

バスの中は「統治」できても、水や食料の補給に時々は外と交流を持たざるをえないし、現在は、携帯電話も発達しており、どうやら客たちも外と連絡を取っている様子。

その内容も細かくチェックし、反抗を企てたものは、縛り上げて運転席の近くに置いておく。

この環境の中で、「人のことを考えて」「公共精神を持って」などというほうが、ムリである。いつ自分が殺されるかわからない状態で、人のことなど考えていられない。自分の利のみを追求せざるをえない。

やるか、やられるか、なのである。

公共心のなさも、バスジャックされているバスの床は公共のものだから大切に、と言われても、そうは思えない。自分と国がまともな状態でのみ、自分たちの暮らしているところを愛せるのである。

またこのバスのなかでは、自分の財産は自分のものではない。

犯人が来て、包丁をかざしながら、財布をよこせ、指輪をよこせ、ポーカーで買った金を渡せ、と言われたら、渡さなくてはいけない。

中国では、今なお私有財産のきちんとした保護規定はない。いつでも国が持っていける。もっとも法律があったとしても意味はない。

いつ自分の持ち家や銀行預金を、国にかってに理由をつけられて持っていかれるかわからない状態なのである。実際に親や祖父母や知人はその経験をしている。

中国人の夢は、今も昔も、金をしこたま持って、このハイジャックされたバスを降りて、他国の国籍を取ることである。

中国国籍でいる以上、自分と家族の身の安全すら確保されないからである。

かくて中国人の目線はつねに短期的になる。

簡単に言うと、独裁政権下だからエゴイストになるということだろうか。

一方、このように長期拘束されていると、逆に乗客のほうがバスジャックの犯人のほうを好きになり、支持して協力的になるという現象がある。

ストックホルム症候群である。

中国人の政府にたいする気持ちは、本音は、まあ仕方ないさぁ……、が多く、話を聞いているうちにヒートアップして許せん！　の人も少なくない。自由や身の安全や財産の保障をおびやかされて心の底には抑圧した怒りを抱えているのが当たり前だが、中には限りなく共産党支持の人もいる。

中国は大きいし分裂を狙う国はあるし、民族が多いし、中国人は何でもやるから強権もしかたないよなぁ、でもやりすぎだという理性的（？）な意見とは違い、１００％理想化しているその話ぶりは、ちょっと病的なことが多い。

私はこういう人は、中国共産党に対するストックホルム症候群だと思って見ている。

現世利益の道教が民族宗教

漢族の民族宗教をご存じだろうか？

仏教ではない、道教なのである。

この道教が目指すのが不老不死。昔、皇帝が不老不死の薬を探して、その人々の一部が日本に行った……、というのは中国人の間でよく語られる伝説だが、道教ではとことん現世での快楽を追求する。

それが叶わず死ぬと、今度は「清算」である。

道教の廟に行くと、入り口にあるのはそろばん。鬼が待ちかまえていて、今までにやった良いことと悪いことを全部計算し、行き先を決められる。廟のなかには地獄の中央官僚、下っ端、各部門があり、それぞれに賄賂を渡す姿が展開されている……。

根っこにこういう思想があるせいか、中国人の価値観は非常に現実的、かつ合理的である。

来週の1万円より、今日の5000円。

少し前までの日本人ならば、皆が社長への夢を見て頑張ったが、中国人ならば最初から、（えーと、毎年、入社するのが○○人で、俺の能力はこんなもん。なれるわけないよ）と冷静に計算する。そして給料はいっしょなのだから副業にせいを出す。

この現実的な中国人に、日本人は会社勤務から買い物の交渉まで、しばしば「情によるコントロール」をこころみるが、まったく効かない。もしくは効いているふりをしている中国人に寝首をかかれる。

ちなみに日本企業は、会社に多大な貢献をすると社員が損をする仕組みだから、これを変えないかぎり中国人は絶対働かない。

中国人に「御恩と奉公」は効かない。効くのはてんびんにもとづいた対価のみである。ヒモ付きの御恩を渡して利益を取ろうとしてもムダである。逆に言えば、教育したのに逃げられたと文句を言うより、教育しないか研修代を取ることにも彼らは文句は言わない。

逆に言うと、日本人とは「物語」を与えておくと、一生懸命働く稀有な民族である。

日本人は、いわゆる時間の切り売りで上昇の機会のないマックジョブでも、道徳を語るが、中国人は働かないですむならそれが一番！　なのである。うまいものを喰い、きれいなものを着て、ゴージャスなところで遊んで、いい車に乗って、美女を連れて、生活を楽しむ！

中国で株や不動産投資がここまでバブルになってしまったのは、中国人のこの思想にもよる。北京でも、中国の友人たちはここ10年で本当にお金持ちになった。

「えーっ、まだ働いてるの？」

在中の日本人がしょっちゅう中国人から言われてしまう言葉である。

日本人のように勤労の美徳とか、働くことそのものの楽しみはあまり感じないのである。日本人には、この遊んで暮らすのがいい、という考え方は少ない。

逆に奥さんでも、子供がいようが、優秀で外に出て稼げれば、お手伝いさんに家事をしてもらい、働く。その方が収入が多くなるからである。逆に母親が職がないということは、無能ということで、それを恥じる若者は多い。

そして私が一番、現実的だと思うのは、彼らの死生観である。

中国人が子供を異様に可愛がることはよく知られている。が、その一方で、人の命を非常に粗末にする。

いわゆる安全対策や食品汚染などもそうだが、妊娠など生殖に対する考えもだいぶ違う。夫が中国人の知人（日本人）が妊娠した。つわりに苦しむ妻に、

「あ、じゃあ、堕ろす？」

夫からいとも簡単に言われたこの言葉が、彼女はいまだ忘れられないという。

実際にこちらでは、大学の薬局にモーニングピルが山積みされており（受精卵を流してしまう）、普通の女性でも堕胎に日本人ほどの罪悪感は抱かない。「水子がどうこう」という湿った発想は持たないのである。以前は国が主導で、2人目以上は堕胎させていた。

陰陽バランス感覚が、中国人の行動原則

まとめると、中国人理解の足がかりは、

①田舎者

②エゴイスト

③現実的

だろうか。

ではこれを会社に応用するとどうなるだろうか。

田舎者が一番欲しいものは何か。——都会的なカッコよさである。

しかし、そのカッコいいがやっぱり田舎者で、「外国人とビジネスをするオレ」「都会の一等地のオフィスに出勤するオレ」「同僚は皆、フレンドリー」……、中国の街頭広告には、この外国人と働くカッコいいオレ、を描いたものがたくさんあり、思わずプッとふきだす。

が、それが彼らの理想のオレのイメージならば、理解すべきだろう。中国の若者はけっこうみんな、会社の場所なども気にしている。

日本企業は「ちゃんと残業代を払う」など、誠実なイメージはあるのだが、それが裏目に出て地味。

ユニクロの人材募集広告を見ると、「世界革新産業」と、いきなり大きく出る。

「我々は世界トップのアパレルを目指すグローバル企業です！　もっとも先進的な生産、販売、マネージメントで世界トップを目指しています。店は、日本、中国、韓国、アメリカ、イギリス、フランス、シンガポール、タイ、フィリピンなど世界中にあり、2000店を超えます。ユニクロファッションはすでにグローバルレベルの流行になり、年間の利益は80億元に上る、高収益企業です」と結び、そのうえで、「ユニクロパートナーを募集！」とくる。

こんなカッコいい、野心のある、儲かっている（＝自分も儲かる）会社のパートナー（＝上下の従業員ではない。対等ということである）になりませんか、という誘いで、店長になれば、年収15万元（３００万円）と明記。私たちが探しているのは、今後、経営者になる素質のある人です、非常にいいトレーニングシステムと、社内での上昇の機会があり、努力次第であなたの人生を変えます、と中国人向けのコピーとしては非常にうまい。

そもそも日本企業の中国での募集広告は、本社のデータを日本円で書いていたりする。中国人は規模もピンとこない。これはＯＤＡの広報も同じだった。

日本人もけっこうオレ様なのである。

エゴイスト対策としては、やはり、どれだけ自分のトクになるか、をアピールするしかないだろう。

以前、中国のリクルートを取材したことがある。

金融危機が来て、仕事が激減し、中国人社員も成果主義に変えた。すると大半の人が辞めた。日本人社員は、「中国人も一度手に入れた安定が大事なんです」と説明していたが、私は彼らは単にうまみがなくなったから辞めたのではないかと思った。

つまりそれまでは、給料は大したことがないが、のんびりできた。しかしこれからは尻を叩かれる。――待遇はそれに見合うか？　ＮＯ、移動だ、ヨソでがんばる、というわけである。

現実的な彼らは、対価以上にはぜったい働かない。

中国人の行動原理は、昔のてんびん秤（はかり）のような「バランス感覚」である。

給料がこれだけだから、その分働く（逆もしかり）。

私によくしてくれたから、あなたにもよくする（逆もしかり）。

すべて一対一の、個の横の関係である。

御恩と奉公が効かない人々

日本人は、棒が縦で順番に並んでおり、常に下が上を支えて尽くす。関係はいつでも上下の御恩と奉公である。上に対しては身を粉にして尽くすが、同じ人が下に対してはムリ難題を押し付けても平気である。

日本の接客業がすばらしいのは、客はすべて一律に「上」と認識されるからである。10円のものを買った客にもきちんと挨拶するのが日本、頭を下げればもっと赤字じゃないかと冷たくあしらうのが中国である。

で、そのすばらしいおもてなしをした同じ日本人が、「仕入先」には無理を言い、断られたりすると烈火のごとく怒ったりする。

「お客様は神様です」は「上には絶対服従」の言い換えで、断るという選択肢は自分が上に対してはないし、だから下からされると腹が立つ。

これは日本特有である。外資系企業で外国人上司を持った日本人同士でよくぼやくのが、「上司、日本人よりムリを言ってくるけど、あれ断ってもいいんだよね。最初わからず、全部受けて苦労した」「そうそう、で何のあとくされもないよね」である。

日本人がなぜここまで上下を重視するかというと、それが自分の収入と地位の源泉だからである。大手の社員が「下請け」より仕事ができるとは限らない、むしろ下請けが支えている場合が日本は多いが、待遇には圧倒的な差がある。

中国なら受注側に実力があれば、すぐに値上げ、売り惜しみでどんどん地位が上がっていく。日本の大手がこれを阻止できるのは会社を超えたチームワークがあるからで、ある意味、弱者の戦略でもある。

日本人が一番嫌うのは順番の「下」に抜かれること

日本人が一番嫌うのは、「下」と思っている人々に抜かれることである。

同期に出世の先を越された、というだけで、会社を辞めた人を私は少なくとも2人は知っているし、だから日本企業は長く、同期の出世頭はいても年下が上司になることは少なかった。現在はいるが給料は依然年功序列なところが多い。

社内でなくても、「下とみなす存在」――これは人によって違うが、たとえば中国人であったり女性であったり、出身校であったり、年下であったりが台頭してきたときの日本人の攻撃と不快感はすさまじい。今の中国崩壊説の流行も原因はこれだろう。

体育会系というのは、この上下に反射神経で反応する訓練をした人々である。

中国人も日本人よりもっと競争好きだが、突出に対するリスペクトは日本人よりはるかにある。その人の属性――国とか性別、出身がマイナスの意味で言われることは少ない。農民は差別されているが、大学に入りいい職と戸籍を得てホワイトカラーの都市住人になれば、出自で差別されることはない。

何百人も男女社員をひきいる若い女性上司もたくさんいる。実力主義とは、50代男性社員の上司が20代の女性社員のことである。

逆に実力がないと、上司でも「下」とみなす。

こういう文化差は、いくら日本側が押しつけても変えられるものではない。日本人は自分が上なら、下にいくらワリをくわせてもいいと無意識で思っている人がたくさんいるが、中国社会には通用しない。

「カッコいい」「金になる」「価値がつく」の３Ｋが中国人を動かす！

結局、人間はどこの国の人でも楽して儲けたい、という気持ちから逃れられないのである。

まあ、私も、マンションのエレベーターに乗るたびに見る、「家チカ、仕事少ない、給料多い!!」という仕事紹介サイトの広告に、（あるかよ、そんなもん！）と毒づいているのだが……。自信過剰の中国人の頭の中は基本、自分に都合のいいことが満載に詰まっており、その通りでないと逆切れする。

しかしホワイトカラーの何百人に１人ぐらいは、いろんなことがきちんとできる上に、日本人以上のリーダーシップがあるタイプがいる。そういう人はひっぱりだこになる、ゆえに値段が上がる……、と、要は優秀な人が欲しければ金を出せ、ということになるのだろうか。

田舎者、エゴイスト、現実的、に対応して、「カッコいい」「（自分に）価値がつく」「金になる」の３Ｋが中国人を動かす。だから外資に優秀な人材が殺到した。

新入社員、給与1200万円のアリババ

さて、最後に、最新の中国人ホワイトカラー給与相場を紹介しよう。だいたい新卒から20代のお給料である。

『コスモポリタン』2015年8月号の記事、「転職の季節! どの会社が一番お給料多い?」によると、まずグーグル中国のインターンの平均が20万円。

スマホの大躍進で有名な華為（フォアウェイ）の新人ソフト開発エンジニアが18万円。アリババの同じ仕事が40万円。マイクロソフトが30万円。スタンダードチャタード銀行のマネージャー候補研修生が27万円。

新東方という有名な民間学校の英語教師が17万円。

記事は、あなたが新卒で7000元（14万円）を超えれば、それなりに勝ち組と述べている。

日本の初任給が大手大卒でおおむね20万円だから、日本と変わらなくなっている、というより、中国は初任給からすでに格差社会なのである。

大卒で7000元を超えるのは2、3割いかない。しかしその2、3割の中のトップク

ラスは日本の比ではなく、昇給も非常に速い。

特にネットショッピングサイトの最大手、アリババは優秀な新卒ゲットに力をいれており、初任給の年収１２００万円以上の学生を毎年10人採用している。

これで技術的に天才肌の学生を手にいれる。

中国の場合、高給といっても全員均等でなくていいのが面白い。社員のほうもまた格差を最初から納得しているのである。

日本人から見れば、エゴイストの塊のような中国人だが、逆に自分を優秀だと思っている中国人からは日本企業は夢がないということになる。

中国人は社員同士に格差があっても、やる気をなくすどころか奮い立つ。また女性が上司でも大丈夫。常にリソースの少ない中できたから決断力もある。

中国人は日本人から見ると信じられない反応をすることも多い。そういうときは、(ああ、広い国に住んでいるけど、田舎モノで世間がめちゃくちゃ狭いんだな)と理解すればいいのではないかと思う。

中国人の本質を象徴する「厚黒学」

中国では腹黒が学問になっている——厚黒学①

中国には「厚黒学」という学問がある。

内容はすなわち、人生、いかに面の皮厚く、黒く生きるか、そうできるものだけが成功するというものである。

清朝末の四川の李宗吾という人が本を書いたが、これが現在もいろいろにアレンジされて、書店では山積み！！！　なのである。

さてこの中で、取り上げられている、「求官六字真言」（官になるための、6つのマントラ）、「做官六字真言」（官をやるための、6つのマントラ）というのがおもしろい。

すなわち、官になるための秘訣を説いたもので、空——ヒマでいろ。どんな仕事もするな、田も耕すな、学問もするな、商売もするな、ただただ官になることだけを願って、活動せよ。
貢——官への道に、蟻の穴でもあれば、もぐりこめ。なければ、蟻の穴でもあけよ。
冲——ほらを吹け。大風呂敷を広げろ。口でも文章でも。
棒——おだてろ。ゴマをすれ。
恐——脅せ。脅迫しろ。弱みのない官はいない。そこをつけ。「棒」（おだて）と併用して、おだての中に脅しをしこませ、脅しの中におだてをすりこむ。
送——人事権や権力をもち、自分の役に立つ者に賄賂を送れ。

なかなか真実をついているのではないだろうか。
では、めでたく官になったあとは、どうするのだろう。

空——気骨と中身がないようにせよ。何でも迅速にこなすが、自分の利に合わせて臨機応変、常に逃げ道を残しておく。
恭——上には卑屈にうやうやしくふるまえ。上司に面と向かってでもいいし、彼の家族や友達に向かって媚びてもいい。

繃――下には居丈高に、エラそうにふるまえ。下でも自分に利があるものには丁寧にせよ。

凶――目的のためなら、他人が死のうが生きようが、子供を売ろうが、春をひさごうが、気にも留めるな。しかしこれは、仁義、道徳のオブラートで包め。

聾――見ざる、言わざる、聞かざる。自分にも何を言われても気にするな。

弄――賄賂は受け取れ。官になるためのすさまじい努力、なってからの気の使いよう、ストレス、これまでの11文字はすべてこのためだけにある。

まさに中国の官である。

中国では毎日のように官の汚職が報道されている。いわく天文学的な金額の横領で死刑になったとか、海外へ逃亡したら飛行機が中国に引き返してきたとか、まあ昨今はリスクも高い。

報道されるまでもなく、庶民は日常の小さな手続きやビジネス、登記、取引の不正、不動産バブル、インサイダー取引……、全部が官のしわざだと身をもってよく知っている。

それも皆、なりたいのが官である。その理由としては、

1. 日本とちがい、「もともとまじめに働くのはバカのすること」的な思想が強い。汗

を流すより、権利や不動産で、自分は何もせず稼ぐのを最上としている。

2. 実際に中国ではいつの時代も、まともに働いていると、永遠にうだつは上がらない。官に苦しめられつつも、官になるか彼らと関わるしか上昇の道はない。まあ死刑になったらおしまいだが、そんなエラくはなかなかなれないし！　それまでに蓄財していれば、刑務所でも特別室に住んで贅沢な暮らしもできる。

そして1人が官になれば、一族郎党が皆、それがらみで出世できる。これは今でも変わりがない。日本企業が合弁工場を建てれば、地元の官の有力者たちが、自分の親族郎党を送りこんできて、会社を完全に私物化してのっとってしまう。

日本人とは、まったく感覚が違う。

中国共産党ではない、中国腹黒党である——厚黒学②

厚黒学では、

「我をもって人の本性とする」「人の心は本来、自分の利と欲望に忠実で黒い」

「しかしそれを人に悟られてはいけない、『黒いこと』をするときは、仁義と道徳のオブラートで包め」

と、教える。

つまり外から見ると白く見せかけているが、常に自分が損しないように、自分の利益だけを考える。結果、言っていることと、思っていること、やることが違う。

腹黒にもレベルがある。中級腹黒、上級腹黒となると、
●トラブルが起きてもうまく相手のせいにする
●自分は手をくださない
●ニセ情報を与えて混乱させる
●人同士を戦わせ、疲れたすきに漁夫の利を狙う
と、さまざまな技を駆使するようになる。

そしてこの腹黒ワザを満開にして、この国を手に入れたのが、中国共産党なのである。

まず日中戦争である。それまでは亜流の小党でしかなかった共産党は、日本軍と国民党軍を戦わせることに成功した。自分たちは後方に控えている。

そして両者が疲弊しきって、日本が原爆を落とされ、ついに無条件降伏をしたのをみはからって一気に表に出てきて周辺国まで占領してしまう。

また、「『黒いことをする』ときは、仁義と道徳のオブラートで包め」というのも、まさに彼らのお家ワザである。

そもそも共産革命というのが、労働者のためという仁義と道徳のオブラートで包んである。そのオブラートのなかで、農地を労働者のものにする、といいつつ、農民に地主を殺させ、土地を取りあげ、それはすべて共産党のものになった。

そして政治がうまくいかず不穏な動きがでると、理想を掲げて血気盛んな若者を担ぎ出し、自分の敵を打倒させた。文化大革命である。

その後、使用済みの若者たちが冷たく下放されたのは、皆さまもご存じの通りである。

そして現在のスケープゴートはもちろん日本である。

中国に居ると、朝から晩まで、テレビで日本の悪口を聞かされる。日本人からすると、「それどこの国の話ですか？」という根も葉もないことも多い。

そして歴史もねつ造されている。中国から日本軍を追い出したのは、共産党の成果ということになっている。

日本人は本来、あまり腹黒ではない。

中国では腹黒でないと、生存ができないので、親も子供がエゴイストに育つことを奨励するが、日本ではその逆である。腹黒すぎると相手にされなくなる。

したがって日本人にはあまり中国の腹黒が読めない。腹黒な人というのは、自分がやたらトクをするように演技をする。老朋友というのも、中国を嘆いて見せるのも、日本を持ち上げて頼って見せるのも皆、後々の自分の利益のためである。日本人は中国人のこの演技に騙されるのである。

もちろん中国人は同じ腹黒同士、よく手の内がわかっているが、共産党があまりに腹黒すぎて手出しができない。

日本の団塊の世代は中国の近代史に自分が捨てた理想を投影し、中国に実態とかけ離れた幻想を持ってしまうことが多かった。それも日本企業が中国市場でうまくいかなかった遠因になっている。

損得忘れて中国に尽くす日本人は今なお多い。

中国イチの腹黒男——それはもちろん毛沢東だったのである。

刺さった矢は外だけ切れ、鍋はもっと壊してから修理せよ——厚黒学③

厚黒学が説く、中国人の物事処理法というのがある。

その一つが、「矢」切断法である。

ある人が体に矢が刺さって医者にいった。医者は、体の外に見えている部分だけをのこぎりで切り取った。

なぜ矢じりをとりださないかと聞いたら、

「それは内科の仕事だから」

と言って、治療費を請求したという話である。

これは役所でも民間でも本当に多用されている。○○が壊れた、××が大変だ、ということで、しかるべき場所に行くと、

「そうですか。それではここに記帳して、あちらへ行ってください。あちらから返答します」

つまり記帳してというのが、外の矢をのこぎりで切り取るのにあたる。何も解決していないが、自分たちは何かした、というフリである。この繰り返しで、永遠に問題は解決しない。

中国人たちの仕事ぶりを見ていると、一般の会社でも自分の儲けにならないかぎり、まず100%この方法を使う。仕事がきても、まるでそれがその人のためであるような、言葉とともに誰かに回してしまうのである。

中国の会社は、これを防ぐために、上が個々の仕事の役割をはっきり決める。自分たちの、「矢の外だけ切る性格」というのを、熟知しているからである。

厚黒学が説く、もうひとつの処世術が、「鍋の修理法」である。

ある人が鋳掛屋に、鍋の修理をたのんだ。鋳掛屋は、主人に、

「煙草を吸いたいので、火を持ってきて下せえ」

と頼んだ。

そして主人が席を外したすきに、鍋をかなづちで叩いてひび割れを大きくした。

戻って来た主人に、

「見て下せえ。ススを落とすと、こんなに大きなひびでした。もうちょっとで壊れるところでした。ちゃんと修理できて、良かったですね」

ちゃっかり高い修理代もいただいた、という話である。

これも現代中国で多用されている。

2015年の春、中国のテレビ番組で、日系の自動車サービスセンターにいくと、ぼったくられるというドキュメンタリー番組が報道された。

女性スタッフが高級車にのり、サービスセンターに修理に訪れる。車には小さなボルトを1個はずしておいたり、エンジンのプラグの線を抜いておいたりの、その場ですぐ直せるようなごくごく簡単なトラブルを仕込んである。

で、その簡単なトラブルに、サービスセンターの中国人たちは、どう対応するか。

その一部始終を隠しカメラで撮影しているのだが、どのサービスセンターももちろん

「鍋の修理法」を使う。

「うーん。これは最低、６０００元（12万円）かかる」

「エンジンが焼かれてしまっている。全部、とりかえないといけない」

これがどの地域のどの店にいってもくりかえされる。その率、実に１００％。

さて、これ、番組はヤラセではなく事実である。別に日系の自動車だけでなく、国産、他の外資、どの自動車メーカーのサービスセンターでも同じである。

あえて日本にしたのは、日本を叩きたかった理由があるのだろう――賄賂が足りなかったとか。

自分で傷口を大きくして、もしくは大きいと告げて、修理費を上乗せするだけではなく、鍋そのものを鉄からアルミにしてしまう――つまり正規部品を安ものにすり替える、というのも日常茶飯事。中国ではパソコンを修理するときは、横で見張っているのが当たり前である。

また自動車に本当に大きな問題があっても、高額の費用だけ取って、ほんのちょっとだけ修理して返す、またすぐ壊れるという、「鍋修理法」における「外の矢だけ切る」法も普遍的である。

また修理に来てくれるからね。

中国ビジネスに「老朋友」と「自己人」はいない

まんまと引っかかるウブな日本人

中国の地方空港に着いたら、大きなリムジンが迎えに来ていた。車のわきで満面の笑顔で手を振っているのは、日本で家族同然に付き合ってきた中国人の「老朋友(ラオポンヨウ)」である。見知らぬ中国人も数人いる。

トランクを彼に奪うように持たれ、リムジンに乗りこむと、なんと先導はパトカー！サイレンを鳴らしながら走るとなんだか自分がＶＩＰになった気分。

ホテルに着いたら、盛大な歓迎宴会が待っていた。我々が投資を検討しているのは、老朋友の出身地の小さな村だが、なんとその村を管轄する市の市長と共産党の書記まで来ている。

「中国は関係(グワンシ)（コネ）が大事です。こういう関係があればビジネスはまずだいじょうぶ。

あなたたちは私の自己人（ズジレン）（身内同然）ですから、彼らも信用しています。田舎ですから、土地も人件費も安い」

投資を検討している鎮（ジェン）（村に近い小都市）の代表は、契約にも非常に協力的だった。我々はさまざまな要求を出したが、何でもすぐに「好（ハオ）、好！」と承諾してくれる。

「我々は雇用が必要なんです。ぜひ来ていただきたい。日本の高い技術で、この貧しい中国の村を幸せにしてやってください」

戦後を生で知り、日頃から親中派だったわが社の会長は、もう涙を浮かべている。

翌日視察した工場用地は、確かに機械は何もないが、広さだけは充分ある。

中国側はこの土地と労働力、製品の販売ルートを資本として出資するという。製造機械は日本から持ち込めばいいだろう。資金と技術は我々が出資する。

それでもすぐに契約するのはやめた。何度か訪れ、そのたびに同じように歓待され、最後は村長の家に泊まったりもした。ベンツに乗っており、意外と金持ちのようである。一緒に小姐のいるカラオケにも行った。村人は皆、笑顔で挨拶してくれる。

無事に契約を交わし、駐在員が派遣された。

ところが肝心の機械がなかなか通関できない。老朋友に相談すると、

「これが中国の哀しいところなんですよ。ちょっとマージンを払ってあげてください」

そうこうしているうちに、工場になんと製造用の電気が届いていないことが発覚する。視察時の明かりは小さな発電機によるもので、ブレーカーだと思っていたのはそれ風の箱だった。中国側は日本側の経費で引くしかないという。

こんなときこそ、中国式の「関係」と思い、市長の秘書に連絡を取ってみたが返答はなかった。

そうこうしているうちに、機械が運び込まれてきた。しかたなく電気を引く。

やっと操業かと思ったのもつかの間、村はさまざまな寄付を要求してくる。断るとワーカーたちが出社しなくなった。

老朋友も村長も突然、別人のように冷たくなった。やっと集めた人々で製品を作るも不良品だらけ。とてもわが社のブランドはかぶせられない。

苦節、2年、サンプルさえもつくりあげられず、ついに撤退を決めた。工場の設備は全部、取られた上に違反金まで請求される始末。わが社のブランドは彼らに勝手に中国で登録されていた。弁護士に相談しても、先に申請して通った以上どうしようもないという。

今、あの村は残した設備を使ってどんどん品質の悪いニセモノを製造している。そのメーカー名をつけてアフリカや東南アジアに輸出までしている……。

「関係」に対する日本人の誤解

以上が、日本の中堅企業の典型的な中国進出失敗ケースだろうか。

この中には、地方の腐敗、中国人のウソ、いろんな要素が含まれている。地方役人は日本に整備させた土地を高く転売し、今頃祝杯をあげているだろう。

この件の、一番のポイントは老朋友を信用しすぎたことだろう。

今もそうだが、中国人といえば「関係（コネ）」という概念が日本にはまん延している。いわく中国人は、周囲の人々を「自己人（ズジレン）」と「外人（ワイレン）」に分ける。自己人に対しては限りなく親切で約束も守るし、誠意を尽くすが、外人はどんなに騙してもいい。ゆえに彼らと家族同様の親しい関係を持つのが大事である……。中国に関するそういう言説が一時流行した。

しかし中国に15年暮らす私から見れば、逆にこの考えが日本企業の失敗を増やしたのである。

1．まず中国人とて、そんな白黒をはっきり分けない。

2．外国人が、ましてや日本人が中国人の「自己人」になるのは、結婚でもしないかぎり基本的に無理である。人によっては、結婚しても無理かもしれない。あるのは、そう日本人に思わす、中国人の「口才（しゃべりの才能。中国では評価される）」だけである。例外は両者とも、若い時の友人だろう。

3．中国人同士でも、戦場であるビジネスの場には、「自己人」も「老朋友」もいない。中国人いわく、「付き合いや宴会で老朋友、好朋友というのは、ごく普通の客套話（外交用の決まり文句――直訳は客用セット）」なのである。

4．「熟殺」といって、中国人同士ですら、よく知っている人ほど騙す。なぜならば信用して資金を出すからである。

5．そして何より大きいのが、中国人の「関係」に対する日本人の誤解である。中国人はすぐに朋友、朋友と言うが、あれは日本人の好きな人情ではなく、「お互いの利益の交換」である。関係を持ちたいと思った中国人同士がよくやっているのは、自分の手持ちの札（リソース）の見せ合いである。

「私の家族はこんな仕事をしている。こんな職についていて、こんな利権がある」

つまりはあなたの金儲け＆生存にこれだけ役にたつ、とアピールする。

もちろんこれは一方的なものではなく、では自分のほうも何ができるかを提示しなくてはいけない。

中国人の関係というのは、血縁、地縁が一番強い。そこに外国企業が乗りこんでくる。中国から見て、日本企業のリソースというのは、けっきょく資金と技術しかない。長期的視野を持ってほしいと外国人に説教されても、法律も体制すらもいつ変わるかわからない国。政府に日本企業なんて追い出せと、突然言われることだって充分にあり得る。

いつ中央が敵に仕立て上げるかもしれない日本といっしょにコツコツがんばるよりも、リソースをいただいてしまおう、と思うのが多くの中国人である。

日本側からしたら、「老朋友」にあれだけ世話をしたのに、と思うかもしれないが、しょせん個人レベルの「投資」である（と彼は思っている）。

そんな個人の親切でビジネスの利を図ろうとする、エビで鯛を釣ろうとするケチな日本人（と彼は思っている）。

「老朋友」にすれば、生まれ故郷に日本企業というエサを連れていったほうが、はるかに自分の実入りはいい。

物事には裏があるのが、当たり前。パトカーの先導はわずかなお金で警官のOBを雇えるし、そんな子供だましの演出にひっかかるほうがアホ（と彼は思っている）。

ビジネスは情の交換の場所ではない。利益の奪い合いなのだから（と彼は思っている）。

ビジネスにおける「関係」は大事だが、それは血縁、地縁、組織縁、個人と組織の利益が入り組んだ複雑なもの。中国人のいうところの資源が、ほとんど全部会社に属している日本人が簡単に入りこめるようなものではない。

「私は共産党と関係のある○○さんと家族ぐるみの付き合いで」「ボクが中国に行った時は、パトカーが先導してくれてね」

こんな話を今までに、何十回、聞いたかわからない。黒社会の温床の地方の農村なんて、中国人ですら怖がって、投資どころか旅行すらしないのに、たくさんの日本企業が素手で行った。

パトカー先導は筆者も経験している。1987年、当時、日本最大手のスーパーだったダイエーが中国と合弁した貿易商社に入社した私は、研修でその年の秋にはじめて中国に行った。

本社のスーパーの功労社員を含め、200人ほどの団体のバスの先頭を切るのはパトカーだった。北京、天津、大連……、回った都市ではすべてそうで、皆、大騒ぎしてよろこんだ。そして本社は中国に多大な出資と貢献をするとともにスーパーを出店した。

それは現在、すべて中国企業に買収された。会社は「関係」の魚肉（ユロウ）（食い物・餌食）になったのである。

この「関係」がらみの騙し、中国人も辟易(へきえき)している。

今、中国で一番すさまじい勢いで伸びているのは、この「関係」がまったくない、ネット上の取引である。

腹黒ビジネスに負けない方法

では、こんな中国市場で日本を含む外資企業が負けない方法というのはあるのだろうか。

実際に北京でビジネスをしている中国人社長に聞いてみた。

「まず基本は政府官員の話は信じないこと。そいつが下台(シアタイ)(職を降りること)すれば終わりだし、トラブルが起これば、すぐに『ああ、あれは下面(シアミイエン)(下の者)が言ったことだ』でおしまいになる」

中国はコネというが、たとえあなたが習近平を知っていても、ビジネス上のトラブルが何とかなるとは、私にも思えない。

一般に中国の政治领导(リンダオ)様(リーダー)たちは、表の実務には関与しないのである。

中国コンサルタント、ジャーナリスト含め、「私は中国の政府幹部とコネがある」と言うのをウリにしている人は多い。

これ、日本人からみると何だか、すごそうにみえる。

が、中国人からみると、非常に奇妙な、ありえないことなのである。

「こいつは、なぜ自分で不正の一味だと公開するんだ?」

中国で政府幹部とコネがあるというのは、すなわち一緒に汚職をやっているということである。もちろん公で口にする人はいない。

「本当にそうなら、こいつはなぜこんなしょぼい商売をしているんだ?」

政府幹部とコネがあれば100%、金持ちになれるのが中国である。逆にいえばその人が、マンションの100戸も持っていないようであれば、大うそつきということになる。

そもそも中国政府幹部が、自分との関係を自慢するような外国人とまともに付き合うだろうか。しかも相手は国家の旧敵、日本人である。

付き合うときは、100%、何かの道具にされているということである。

特に危険なのが、「私は中国の政府幹部とコネがある」という、日本人の自称中国コンサルタントの一部。実際には、下っ端役人に金を取られてしまい、いざというときには何の役にも立たないことがある。

基本的に政府・政治家とは「つかずはなれず」の関係がいい、と中国人社長はいう。

「なぜならば、近すぎると、賄賂、要求だらけになるからだ！」

……あ、そうですか。

外資の場合は、賄賂をたいてい仲介者が持って逃げてしまう。

ＯＤＡは日本の大企業が中国で仕事を取るための、いうならば賄賂だった。

中国での今の日本企業の停滞ぶりをみると、やっぱり賄賂だけ盗られて終わりだったのだろうか。それとも、日本国内でも公共事業を任せられるなど、幼児のように保護された結果、実力を失くしたのか。

中国にＯＤＡを持っていった日本人官僚も、そんないい目にあっているようでもなさそうである。

基本的に法がない国、政府が守ってくれるわけがない。

いや、地方だとそういう場合もあるかもしれないが、その折は日本の芸能人とヤクザとの関係と同じになる。つまりは最後は骨までしゃぶられて終わり。

政治はあてにできない。

となると、自分でいい取引先を選ぶしかない。

では、どんな会社がいいのだろうか。

中国人社長いわく、

1. ホームページやパンフレットの書面の営業額は信じるな。自分たちで独自に調査せよ

……むかし某日系大企業が進出したとき、パンフを作って営業と仕入れに回ったら、中国人は「こんなの、ウソばっかり」と誰も信じてくれず困った、という話がある。

ま、これは別に中国でなくてもビジネスの基本のキともいえるが。

ちなみに社長や社員がするいろんな話も、ぜったいに信じてはいけない。過去、悪事をしていないか、支払いにトラブルがないかも、自分で調査すること。

総経理（社長）がしょっちゅう変わる会社は、相手にしない。中国の場合、計画倒産は非常に多い。

2. 社長の事務所に要人との写真が飾ってあるのもダメ

営業額が大きくても、実際に販売はしておらず、政府のトンネル会社で右から左に商品を納めているだけ、という場合も多い。これは関係者にトラブルがあれば、一発で会社はなくなるし、最初から取り込み詐欺を狙った場合もある。

実際にビジネスをしていても、今ドキこういう権威を頼るようでは、先はない。アリババの社長のオフィスに習近平との写真があるとは思えない。

3. 社長が契約で何でも、「好(ハオ)、好、好！」（ＯＫ）はダメ

契約することだけが目的で、最初から、まともにビジネスをする気はないのである。細かいところまでいろいろつっこむ社長がいい。

ちなみに美人秘書がいる、接待宴会で浪費する（酒、女性、賭けごと、料理）はダメ。
4．会社に若い子がどれぐらいいるか――会社の発展力
養わなくてはいけない退職者や、政府からの受け入れ要請人員がどれだけいるかも重要なポイントである。

中国は一般に社長も社員も非常に若い。都市部の実力のある会社なら、若い子だらけである。そういう会社の若い社員にたまたまパスポートを見せたことがある。

「えーっ！　こんな年なのに、まだ働いているの！　しかも中国で」

「お黙り！（笑）。人間の能力は年じゃない！」

「だって、中国は地方の国営企業だと、昔は45歳で女性は退職だよ。ママとかそうだった」

「日本は人手不足なの。男性で経験があれば70歳近くで働いている人もたくさんいるよ」

「やーい。もう退職、退職！」

ドスッ！（蹴りを入れる音）

まさか中国で年齢差別に会うとは思わなかった。しかし中国の会社は年功序列ではない

し、急激なＩＴ化で基本的に年寄り――文革で基本的な教育を受けておらず仕事ができない、の判断をされることも多い。

日本の会社も彼らからは、年寄りが多く、活気がないと判断されていることを忘れてはいけない。

会社を見る一つの指標として、「給料以上に働いている社員が何割いるか？」というのがある。中国は８割、９割のところも多い。若いというのは、どこの国でも大半は給料が安くてすむということである。１人１人の効率は悪いが、給料が安ければ利益は出る。

一方日本はどうだろうか。読者の方。自分のフロアで給料以上に働いている人は何人いますか？

中国は崩壊する、崩壊するというが、事業だけでいえば、日本のほうが崩壊しそうなのである。彼らから見れば、日本企業はビジネスパートナーとしては、一長一短である。

特に合議制で返事が遅いのは、命取りだろう。中国には、工場でも資材でも、今、この瞬間に押さえれば半額以下になる、と言ったたぐいの話がたくさんある。

企業の資金繰りが厳しく、新陳代謝が激しいからだが、そういうのをつかまえて利益を出すのも、現場の役得。

ところが日系企業は、決定の返事が遅い。サラリーマンばかりで返答を待っている相手のコストも計算しない。断るときは自分の責任になるのを恐れて、返事をせずに相手が忘れてくれるのを待つという、奇妙な手段にでる。

支払いが確実なのが取り柄だったが、中国が買う側に変わった今は意味がない。技術は高いがパクればいい。

環境汚染の設備も、ほぼ欧米勢に持っていかれている始末である。

そもそも企業のシステムが、同じ土俵で戦う日中欧米その他諸国の中で、日本だけが違うので、間に挟まれた駐在員はさぞ苦戦だろう。

結局のところ、相手の言動、ニセ情報に左右されず、

「実力だけを見ろ」

という教えである。実際の実体のあるビジネスをバリバリやっている会社以外と付き合ってはいけない。

祝你成功（ジュウ ニ チォンゴン）！（成功を祈る）

戦争とは敵を騙すことである（孫子）

我々はダマしてなんかいない

中国に暮らすこと15年である。

「また騙された」「ずいぶん騙された」「やっぱり騙された」かずかずの日本人の愚痴を聞いてきた。もちろん私も、「あ、また騙された」の連続である。

長らく生活するうちに、どうも彼らと日本人の間には、何か根本的な溝があるような気がしてきた。

相手の反応を見ていると、罪悪感があまりになさすぎる。戦乱の続いた国で、確かにサイコパス的遺伝子を持つタイプはたくさんいるが、そのせいだけとも言い難い。

というわけで、知人に、

「日本人から読めない、中国人の思考・行動パターンについて知りたい、ついてはなぜ中国人はあんなに人を騙すのか？」と、聞いてみた。

　すると真顔で「我々はダマしてなんかいない」という。

　バカなことというな、中国と取引をしている外国企業がどんな目にあっているかよく知っているだろう、といったら、

「それは騙しではない。ただの商業習慣だ。戦場で兵法を使うのは当たり前のこと。少しも悪いことではない」と返された。

　力がガクッと抜けて、レストランのテーブルにアゴをぶつけそうになった。

　皆さん、嘘も不正も契約不履行も、朝令暮改も、ワナのような合弁契約も、隣にニセモノ工場を建てるのも、中国人は自分がウソをついたとか、不誠実だ、などとはつゆほども思っていない。彼らにとっては「正しい兵法」なのである。

　その中国の仁義なき「商業戦場」で、信義や正義はどこだと泣く日本人。

　オレ、何かした？　とうそぶく中国人。

　そもそも島国で小さな店でも何百年の信用を守ってきた我々と、他民族に蹂躙（じゅうりん）と支配をくりかえされ、手段は問わず勝って生き残ることだけが正義だった中国人。

　まずは中国人と日本人では正義が違う。

彼らの正義は、戦場の正義。

短期的視点で自分さえ生き残ればいいのである。

そして戦争とは、敵を騙すことである（孫子）。

もちろん法の整備された先進国では、中国人のやり方は違法である。

しかし、よく考えるとこの国は、中国人個人の財産すら保障されていないのである。財産どころか、基本的人権もない。

一般の法律もほとんど意味をなさない。スピード違反で交通事故を起こそうが、はては人を殺そうが、権力者との関係如何で罪に問われないことも多い。

商業など当然ながら、力を持つものの意のままである。

無法無天（ウファウティエン）（法なく制限なく）すぎる、と言ったら、

「無法無天だから、経済がこんなに早く発展したんだ」

私の仕事は、道徳を説くことではない。めちゃくちゃな返答だが、まずはとにかく中国人のモノの考え方、行動原理をそのまま読者の方々に知らせたい。

そう言ったら、

「そりゃぁ、いい本だ」

またアゴをテーブルにぶつけそうになった。

口で言ったことは、守らなくていいのが中国

いくら彼らがダマしてない、と言っても、日本人の概念では、バリバリに騙されている。大きなことでは合弁工場建設から、小さなことでは街で買ったもののアフターサービスまで、とにかく約束したことが実行されないのだが……。

「あー、中国人は口でなら、なんだって言う。口で言ったことなど、誰が守るんだ？　日本人は契約書にないことをなぜ信用するんだ？」

あー、そうですか。

どうせ私たちは、契約書も交わさず、一生を会社に捧げる国民ですよー。

中国人は契約書に書いたことは意外と守る。だから、どうしても守ってほしいことがあれば、「契約書に入れてOKですか？　なんか紙に書いてもらっていい？」と遠慮なく聞こう。その時点で相手がためらうようであれば100％実行されない。

そしてその契約も、最後は会社をつぶすとか、逃亡するとか、一切電話にでないとかで、不可抗力にしてしまうことも少なくない。

まして口で言ったことなど、推して知るべしだろう。

どんなセールストークも、契約書に記載されるまでは信じるな。

契約書に記載されても、守らなければどうなるかをチェックすべし。

この件で最後に一つ。中国人、悪事の分配の約束は、契約書などなくても、なぜか非常にきっちり守る。

死んでも謝らぬわけ

「もう一つ、疑問なことに、中国人の謝らない、というのがあるんですが」

私は引き続き、知人に聞いてみた。

道で足を踏もうが、遅刻しようが、はては約束を忘れていようが、契約書の数字を書き間違えて取引先に大損害をかけようが、謝らない。

かの天津の大爆発事故。今にいたるまで、もちろん誰も謝っていない。倉庫が爆発して、人が大量に亡くなってもそうなのである。

余談だが、あの時、正直、私は中国ではよくあること（！）なので、別に驚かなかった。日本では陰謀説がとびかっていたが、私はちがうと思う。

中国の港というのは、そもそもほとんど皆が軍港で危険物が置いてある。

つまり軍事エリアになるが、日本人で中国のルールを知らず写真を撮って捕まった人はけっこういる。無法地帯なのは昔からである。

今回は外資——特に日系の被害ばかりが報道されたが、爆発地の付近というのは、当然ながら中国の自動車産業などがぎっしりある。損害は本当に甚大である。

中国企業というのは、基本、軍の財布であり、たかが習近平の面子をつぶすとか、そういうために、大損するようなことはしない。本気なら他の方法がある。

話を元に戻そう。

その天津の事故がそうであったように、たいていのことはうやむやにされてしまう。

中国人はなぜ謝らないのだ。

「口だけ謝ってどうするんだ。賠償するのか？」

ま、確かに天津の事故は個人で賠償できるようなものではないが、それでも責任者が謝意を表明するべきだろう。

「いや、そこまでは言わないけど、あきらかに自分が悪いときは謝るべきなのでは。物事が円滑にいくじゃないですか」

「中国人が謝るときは、その対価を払う」

この話を聞いていたのは、四川料理の店である。

白身魚を唐辛子と山椒で煮込んだ水煮魚（シュエイジュウユ）を注文したのだが、なかなかこない。人気店で混んでいるので催促もせず、ずいぶん待った。ついに聞いてみると、オーダーが通ってなかった。最初のオーダーで品切れのメニューがあり、それを除いて注文し直す時に、店がまちがえたのである。

知人はやんわりと注意した。二度目にオーダーを取ったチーフが走ってきて言った。

「申し訳ございません！　先に作らせてすぐおもちしますし、別のお料理、サービスさせていただきます」

……つまり、中国人が謝るときは、弁償がともなうのである。

だから普通は死んでも謝らない。

ちなみに日本の企業の不祥事も、皆、個人財産を返還させればいいのかもしれない。東芝など出資した個人株主は、皆、そう思っているだろう。

あ、それとも日本人も謝らなくなるか（笑）。

誰かを責めれば自分の道が減る

ではそのオーダーミスの教訓が、ウエイトレス間で共有されて、日本のＱＣサークルのごとく改善されることはあるのだろうか。

100%ない。チーフも、ミスしたウエイトレスを注意する気配もなかった。

中国では、特別のプログラムでもない限り、上司であっても誰かが誰かを叱って育てるということはない。

そんなことをして、面子を傷つけて、仕返しでもされたら大変である。

私は自分の新入社員時代を思い出した。

毎日、誰かに叱られていた。中国出張の工場で思わず切れたら、取引先にまで怒られた覚えがある。

「どんなことがあっても、仕事で感情的になっちゃいけないよ」と。

そして入社2年もすると、客がくると「あのアホでもこんなに成長して」「いやぁ、若いからできたことですなぁ」と見せられる、更生したヤンキーのような扱いになった。

日本人の中間層の仕事レベルが高いのは、親のていねいな教育もあるが、若い時にクラブやバイト先や職場で、気のあう誰かに、うまくいろんなことを教えてもらっているのである。日本人は中間層でも会社全体や社会のことを考えて、若手を育てる。

が、中国でそれをやるのは社長だけだ、ということがしばしばある。

中国では、敵を作らぬように、相手を否定することはまずない。褒め合いばかりで、仕事が進まない。なに、問題ない。叱ったりしてトクをするのは相手と会社だけだからである。小さなことで怒ったり叱ったりしては、自分が小さいヤツに見えるし、いらぬ恨みは絶対買わない、というのがホワイトカラー中国人の処世術である。彼らの言動は、甘えが通じる日本のサラリーマンより、よほど「洗練」されている。

何より、職場のウラの利益配分から外されたら、損をするではないか。

中国人は友だち同士でも本音は言わない。彼らは演技派だから、素朴を装う。そのにこやかな世界で、足のひっぱりあいは凄まじい。

日本もそうだろうが、少なくとも、同じ会社の別の担当者の受注を横から奪いにいったり、パソコンをこっそり操作して自分の売り上げに付け替えたりはしないだろう。

学校も会社も競争ばかりさせるから、中国人が身につけているのはチームワークではなく奪い合いである。

社員で会社全体のことを考えるものなどいない。居る場合は、そういう職位の人である。しかしよく考えるとそちらが正解なのかもしれない。

一方、日本企業の弱点は、非合理性である。

私が元いた会社は、ダイエーと中国の合弁中国商社である。

社長はダイエーの社長が兼務していた。小売りでもともと貿易は専門ではないため、大企業からそれに通じた人を引き抜いてきていた。

しかし現場の幹部たちは英語も堪能で実践の貿易も熟知し、世界中を歩いている彼に、絶対、仕事をさせない。自分たちより成果を出されたらこまるからである。

皆でよってたかって有能な人を飼い殺しにしてしまう。人事部長はブ男だったが、自分よりさらに容姿が劣る男性のみを採用するので、社員はみなしらけていた。

海外では男性のルックスも非常に大事で、商社は一般に重視する。イケメンである必要はないが、感じが良く健康的でないといけない。成果を出しても出さなくても、給与が同じ弊害である。

急成長の会社だったので、若い女性が末端の管理職にまでは登用されたが、それ以上のことは長くいてもなかっただろう。

一方、中国は、実力についてはかなり合理的である。だから伸びる企業はすさまじい勢いで伸びる。

泥縄を振り回して作られたのが、中国人？

日本は戦後、なぜこんなに経済発展をしたのだろうか、と考えることがある。

答えは、日本人が誠実で手間を惜しまぬ国民性だからである。

まず商品にウソがない。モノづくりは誠実が命である。さらに人口の大半がまじめだと、「疑うコスト」がかからない。

たとえば中国の店頭でパソコンを買う場合、部品を取り替えられていないか、確認するし、逆に客が返品に来ても、中身の部品など取り替えているのではないか、と疑う。さらに、たかが地下鉄に乗るのに全員が荷物検査を受けたりするが、ビジネスだと、荷受けから発送、販売、入金まで推して知るべし。

一方、中国は、なぜ日本に負けていたのか。

ラクな方へ、ラクな方へと流れる国民性だからである。

すぐ騙すのは、成果を得るのに、コストがかからないと思っているからである。

投資熱――まじめに働くより、遊んでいてお金が入るほうが、いいじゃないか。

羊肉串（ヤンロウチュワン）（羊の串焼き）から開発区まで、偽物があるのも同じ原理である。

そのラクして儲けようという発想はよせ、と思わず言ってしまうのが日本人だが、実際、その発想の人々が一番、金持ちになっているのも中国である。

一般の仕事の精度は日本人よりはるかに劣る。建築でも商品でもサービスでも、（なぜここで手を抜くかな……）というものが散見される。

「なぜ、中国人はあんなにいい加減なんですか？」

と、失礼を承知で、知人に質問してみた。すると彼は言った。

「中国には、こういう伝説がある。天地開闢（かいびゃく）のとき、女媧（ニュイワ）という女神がいた。彼女は、黄河のほとりで黄土の粘土を使って、人間を1人ずつつくっていた。しかし、そのうちめんどうくさくなり、縄を河に浸してふりまわした。そしてその泥粒のひとつ、ひとつが中国人になった。だから中国人は優秀なのと大量の粗製乱造に分かれているのだ」

なるほど、神話の女神さえも、手を抜く国。

……あ、いけない、いけない、のせられて、いいかげんな仕事ぶりを納得してしまっては。

宴会は戦場である

日本人が中国人に騙されてしまう一番の原因は、彼らの見せ方上手にある。

彼らは本当に演技派で、腹に一物あれば素朴を装う。ぜったいに相手を否定することは言わない。ひたすら利を追求する。本音は言わない。

相手に合わせて、自分を大きく、成功しているように見せたり、逆に愚かで愛らしく見せたり。お世辞のうまさと忠誠のフリは、本当に日本人が太刀打ちできるものではない。

在中15年。本音が聞けたのは5年目だった、本当の職位や正体を知ったのは10年目からだった、という友だちがたくさんいる。日本人のように簡単にオープンにはならない。

家というのは、住む人の精神構造を表していると思う。日本の場合、村に入るのは難しいが入ってしまえば、各家には塀もないし庭先から上がり放題。

一方、中国の伝統的な家というのは要塞である。城壁に囲まれ、窓は小さく、中で何が起こっていてもわからない。金持ちの家ほど何層にもなっており、一院をくぐった、二院を越えた、中庭に入れるのは家族だけである。

そしてこういう彼らの対人関係術がさく裂するのが、宴会である。

乾杯ラッシュのお世辞と褒め合いの中で、相手の人物を見る。書店に行けば、「宴席でのふるまい方」というテーマの本だけで、大きなコーナーがある。

けっきょくのところ、彼らを本当に知るには、時間がかかる。

私の処女作は、貿易会社での中国人とのやりとりを描いた『中国てなもんや商社』(文藝春秋)である。

これは好評で、ベストセラーにも映画にもなった。自分で言うのもなんだが、なかなか夢もあるし、中国人を明るく描いていると思う。

しかし、自分のなかでは本当に中国人はこの通りか、という思いがあった。それもあって2001年に北京に留学に来た。

その時に、中国人と結婚しているインテリ日本人女性と知り合い、言われた。

「あれはとても面白かったけれど、中国人はあんなもんじゃないわ」

その言葉は、とても胸に響いた。

そしてそれから15年。私は思う。たしかに中国人はあんなものではない。

当時、私は日本におり、そして中国に対してまだ日本が非常に優位性を持っていた時代だった。本のエピソードは100%本当だが、私は無意識に自分も中国人も、日本人に受け入れられるよう描いている。

日本人はぶっちぎりの悪という存在は好まないのである。実はそれこそが中国人の醍醐味なのだが。

私の最近の悩みは、中国人の表現である。ありのままに書けば書くほど、日本人にウケない。でも、ウソは書けない。

腹黒資金難

「最後に、今、中国とビジネスをしようとする日本人に注意はありますか?」

「ある。今の中国は資金難の会社が多いから、うまい話には乗らないように」

トラブルを相手の背にのせる、というのも、中国の常套手段である。

ここ数年、中国は不景気で、政府が大々的に公共事業をやった。

ところがその代金を、民間に支払わないか、もしくは官僚が私物化してしまう。資金ぐりに困ったそのA社は、B社への支払いを遅らせる。

B社はC、D、E社に支払わない。C、D、E社はF、G、H、I、J、K社にと連鎖反応が続いている。倒産も多い。

そういう会社に、銀行は融資しない。

したがって、高金利の黒社会のお金にお世話になる。金利が高い。

そうすると品質を落とす。で、値段を落としてでも売ろうとする悪性競争に陥って利益がでない。

多くの会社が最初の仕入れ分のお金は払うが、2回目からは、商品やサービスに難クセをつけて払わない。恒常的に仕入れの必要な商売でも、最後の支払いは踏み倒すのが、中国流である。

払わぬなら皆で押しかけて商品を引き揚げるか、現金交換でないと一切、渡さないぐらいでないと商売にならない。

こういう中国の特殊事情をくんで、伸びてきたのが微信（ウェイシン）（We Chat：中国版のライン）である。スマホを使ってどこででも、相手のＩＤにお金を渡せる。非常に便利で、私も今は家賃の支払いから、スーパーの買い物、レストランのチェックまで使っている。

しかしこれ、中国でも世代格差がある。

「取引先に支払いを催促したら、相手の20代が夜中に微信の紅包（プレゼント機能。企業が販促などにも使い、不特定多数にもバラまける）で何百万円も払ってきたのよ。何の記録も残らないし、文句を言っても没問題（メイウェンティ）！（問題ない）だし」

中国の中年も、変化についていくのになかなか大変なのである。

【初出】１４４ページ「中国、環境汚染のウラのウラ」（『週刊朝日』２０１３年10月18日号、「汚染大国・中国のすさまじい現実現地ルポ」を改稿）

中国に勝った人々

腹黒中国で勝ったユニクロ：前編

何倍も高かったユニクロの商品

「あ！　ヨゥイクゥね。私もすごい好きよ！」

建国門の、外国人の多い五ッ星ホテルの売店にいたら、とつぜん売り子の中国人女性から声をかけられた。

「すごい好き」なのが「ユニクロ」だと反応できるまでにちょっと時間がかかった。手にユニクロの紙袋を持っていた。そういえば中国語名は優衣庫（ヨゥイクゥ）だったなと。

ユニクロは2005年に、北京に出店した。

そのとき日本のニュースを見て、私は北京のユニクロまで行った。が、商品はまったく売れてなかった。そして2006年に一度撤退している。

声をかけられたとき、ユニクロの中国語名を覚えてなかったのは、それまでは日本人エリアだけの話題だった頃だからである。

商品は日本より高く、Tシャツなら当時、ローカル商品の3、4倍から10倍もする。

（え、意外。中国人はカジュアルに、高いお金出さないと思ってたよ。でも、もしかしたら、これは当たるかも……）

一歩を踏み出す勇気

私の前職は中国貿易商社の貿易営業担当者である。扱う商品はメイド・イン・チャイナの衣料品だった。

会社は、今はもう名前も消えようとしているスーパーのダイエーが、中国進出をもくろんで中国と合弁で設立した。ダイエーで売る中国製品もたくさん輸入していた。

入社は1987年である。

当時はまだ中国衣料品貿易の黎明期であり、もう毎日、不良品との格闘である。

中国は、工場が竜巻で飛ばされたとか、洪水で流されたとか、毎日、「ウソつくなら、もっとうまいウソつけ」というような連絡をしてくる。

港に届いた商品を開ければ、女児ピンクのワンピースに、全品黒ジミがとんでいたり、ズボンを洗えば、すさまじく色落ちして、ダイエー全店からクレーム電話がかかってきた。

それを阻止すべく中国の工場に行けば、酒を飲まされて、検品できなくさせられたり、商品をすりかえられたり。

しかし、入社して3、4年もたつと、その背景にあるいろんなことが見えてくる。

衣料品は、国営工場や、台頭してきたばかりの農村の民間工場に委託して作っていた。天津周辺が多かったのは、中国の政策的なものである。

中国の南方は、すでに衣料品製造はかなり進んでいた。しかし北方はまだまだ昔ながらの様子で、そこを外資を使って開発、教育させようとしていた。

そういう工場に日本からたまに行って文句を言っても、いい製品はできない。モグラたたきと同じで、意味はない。

どうせやるなら、もっと商品を集中し資本投下して、「自分たちの工場」にしないといけない。

そして日本人技術者と駐在員を常駐させる。

イチＯＬでも考えつくようなことは、もちろん会社の上層部は痛いほど、わかっていた。会社では、服装合弁工場の話が浮かんでは消え、浮かんでは消えしていた。

直属の中国人上司は、現地の合弁工場建設もやりたがっていた。

しかし上は二の足を踏む。

現在でも利益は十分に出ている。トラブルは多いがとにかく商品は安い。

中国を本格的にやれば、大もうけできるのはわかっているが、同時に失敗のリスクもともなう。ならば何もしない、というのが、一般サラリーマンの解である。リスクをとっても、給料は変わらないのである。失敗したら責任をおわされる。

そしてもう一つは商品企画である。

アパレルの仕入れ値はだいたい30％。3000円で売っている服なら、1000円ぐらいでメーカーから仕入れている。ところがこれ、中国で生産すれば50円、100円で生産できた！！！　まさに価格破壊である。

ただし、当時は何でもできるわけではない。

素材も限定されるし、繊細で複雑なものはダメ。生地と生産の最低ロットが大きい。

つまりTシャツを山ほど、ジーンズを山ほど、というのに一番向いてた。しかしその頃に、日本市場に流れているその中国製は安かろう、悪かろうである。

当時、ダイエーには無印良品のほぼパクリのような、衣料品や生活雑貨のプライベートブランドがあった。

で、その中のＴシャツなどを、隣の課でデザイン、輸入していた。

正直、服ってこんないい加減に作っているのか、と思った。型紙さえ作らず、サイズに合わせて簡単に長さを変えたりするだけ。Ｔシャツといえどもパターン一つでまったく着心地もオシャレ度も変わるのに。

しかし当時は、専門のアパレルメーカーでも量販向きは皆そんなものである。

一般のアパレル産業の中で、デザイナーの地位は思ったより低く、男性の営業が売る服の傾向や色も決めてしまう。

（安いんだから、いいデザイナーを雇って、きちっとおしゃれに作ったらバカ売れするのに。中国は生地はいいのがけっこうあるし、一番キモのデザインコストは大量販売だと大したことがないのに）

Ｔシャツのデザイン代が1枚、１００万円であろうが、ケチって1万円だろうが、何百万枚も輸入するのだから、１枚あたりのデザインコストはどちらも1円以下である。

輸入のＴシャツが、ちょっとおしゃれなだけで、何倍ものお金を出していた「女子」（当時）の発想である。定番服をおしゃれにするのに、製造コストはかからない。

衣料品でも、中国には中国に向く商品がある。

しかしそれをやろうとすると、小売りと企画と生産が近くないといけない。

まず情報が伝わらない。せっかくのものが安く売れない。海千山千の問屋がうごめく当時の既存のアパレルでは無理だった。

一括で、全部、端から端までやってみたいと思った。

当時、おもしろかった仕事は商品企画で、そういう中国生産ならではの衣料品を考えて、ダイエー本部やアパレルに持ち込み商品化した。何点か当たって売れたりした。シルクニットの下着をワコールに作ってもらってダイエーで売り、地味なのに追加注文が来た時のうれしさはまだ覚えている。それを製造小売業と言うとは、まだ知らない。

歳は27、28歳ぐらいになっており、いろいろ今後の身のふりかたについて考えていた。仕事は文句なしにおもしろい。このまま中国アパレルで突っ走るか。ではそれならば、中国に駐在するぐらいじゃないといけない（実際に駐在させようかという話は出ていたそうである）。

でも合弁工場から始めて、本当に形にするには、10年、人生の全部をささげるぐらいじゃないとダメだろう。しかもめちゃくちゃ大変。

でもそんながんばっても、私、たかがイチOLじゃないの。なんかいいことある?

もう一つやりたかったことは、今の仕事の文筆業である。

これは経験もコネもまったくない。

どっちに行くか。

悩みに悩みながら、これが最後かな、と行った中国出張で、王府井(ワンフージン)にある北京百貨大楼(デパート)に入った。

当時まだ店は暗く、2階の売り場では客が皆、怒鳴りあい殴らんばかりにして生地を買っていた。1階には露天の出店のようなブースが林立しており、そこにはカサやら、サングラスやら、簡易バッグやら、ありとあらゆるものが売られていた。

それ自体は品質が低く、とてもとても日本に持ちこめるような代物ではなかった。が、(これ、全部、ちょっと仕様を変えたら、全部、全部日本で売れるよ!!! 値段、100分の1とかだよー。やりたーーーい)

せっかくやめようと決心した心がまた揺らぐ。この繰り返しである。

ところがこの出張で食べたものにあたり、帰国した私は入院した。で、考えに考え、会社を辞めたのである。1992年初頭である。

皆、「解」はわかっていた

その年の秋に、アメリカに旅行に行った。

当時、親の会社を手伝っており、大阪市の経済局が若手経営者養成でやっていた中小企業2代目の会に参加していた。そこの研修旅行だったが、自由時間に、アメリカ留学した友だちから聞いていたGAPとバナナリパブリックを見にいった。

そして大衝撃を受けた。

中国でやるならこれがベスト、と思っていたことを、世界展開で本当にやっている企業があったのである。

その商品に合わせてベストな産地国を選ぶ。一点一点は高級品ではないが、パターンやデザインに力を入れ、カジュアルの定番を安価で、トータルブランドとして製造小売業として供給する。そして販売時間にともなって、値段を下げていく。2週間たてば3割引、1カ月たてば半額というようにしてロスを出さない。

しばらくして求人誌でファーストリテイリングという会社の求人を見た。

募集は、中国要員である。中国貿易とアパレル経験者は優遇とある。年齢、その他もぴったりで、これは受けたら受かるな、と思った。当時、私の元職種は経験者がまだ少なく、需要は超うなぎのぼりの時期だったのである。

山口の会社というのも、私には納得できた。この山口、広島あたりは、もともとジーンズや作業着を作っているアパレルが多かった。東京・大阪から離れているため、おしゃれな服は企画できない。が、逆に中国生産は早かったのである。

一瞬迷ったが、すぐに雑誌を閉じた。仕事はおもしろいだろうが、私がやりたいのは、ここの社長の金儲けのお手伝いじゃないなぁ、と思ったからである。

その後、この会社の噂を聞くようになる。

「すごく安い。ジーンズ798円だよ。なのにこれがまた、けっこうおしゃれ」「着心地もいい」「Tシャツ、色違いで3枚も買った。1枚分だしね」

皆さん、ご存じのとおり、初期のユニクロは中国製品の安売り屋だったのである。

大阪のユニクロの店舗に最初に入ったのが、いつだったかははっきり覚えていない。

ショックはGAPを見た時のほうが大きかった。

が、心ひそかに考えていた中国でのアパレル勝ち方程式を、日本で本当にやった人がいることに衝撃を受けた。

柳井正氏の最初の仕事は、コネで入社したジャスコ勤務である。

70年代初頭、9カ月でジャスコをやめた柳井氏は、山口の商店街の店舗で紳士服を売っていた家業を継ぐ。社員7名。ジャスコ時代とは違うタルんだ雰囲気を批判したら、社員は、1人以外は全員やめた（余談だが、私の父の会社も上の姉が手伝いに入り、体制を変えたら、皆、つぎつぎとやめた）。

84年に社長を継ぎ、カジュアル小売店ユニクロ1号店を広島に開店する。

この80年代に柳井氏は、やはりGAPを見て、ユニクロの構想を得たという。

そして91年、その発想にふさわしく、会社の名前を小郡商事からファーストリテイリングに変更する。

90年代、ユニクロは中国の工場管理を強化した。商品を集約し、同じ型のTシャツやジーンズを大量発注し、コストを下げ、直輸入した。そして自分たちで販売した。

日本のアパレルは小さな会社が無数にあり、当時の中国生産に向いた大量発注ができないので、問屋や商社が取りまとめて海外生産していた。問屋の本来の意味は、代理購入で手数料を取る商売である。

しかし中間を通せば通すほど、服の値段は奇妙に膨れ上がっていく。それを打ち破ったのが、ユニクロだったのである。

90年代初頭、2、30店舗だったユニクロは、10年足らずで300店舗に業績を伸ばし、97年に東京証券取引所2部上場、98年のフリースの大ヒット、99年1部上場と発展していく。

96年にその貿易会社でのアパレル輸入の経験を書いた『中国てなもんや商社』でデビューした私にとって、ユニクロは一種の感慨をいだかせる企業なのである。

長々書いたが、いいたいのは「私も、同じようなこと考えていた！」ではない。

そうではなくて、当時のアパレル関係者ならだれもが、ユニクロがやったことと同じことを考えていた、である。

ただし、誰も実行しなかった。正直、サラリーマンがやるには中国事業はあまりにも大変で、そのくせ自分にはリターンのない「見送り事業」だったのである。

柳井氏がやったのは、結局のところ、家業だったからではないだろうか。

月並みだが、ビジネスは行動力である。

日本が中国進出で成功しなかったのは、日本的システムの問題だと私は思う。

社員が言われた以上のことをやると、社員自身は何もトクをしないどころか多大なリスクを負う。発展途上国ならば、本気で成功させようと思ったら、ヘタをすれば後ろに手が回る。成功したあかつきの出世とハカリにかけても難しい。

ユニクロのように、中国成長期に中国事業経験者を途中入社で集めなかった。

しかし、海外業務をしていた人が皆向くともいえない。

ビジネスがこれだけグローバルになっているのに、社員が自由な視点で海外をいろいろ見る時間がない。休みがない。年に2週間は必須だろう。

「この国を出よ」である。

しかし、どんな環境でもやる人はやる。

私が最後の出張で、（あーっ！　これ全部、日本に輸入ができる）と思った商品は、ユニクロから多少遅れて、ひとつ残らず１００円ショップの商品として開花した。

私は入社時の志望が雑貨だったので、いまだくやしい。私を雑貨に配属しておけば、もっともっとヒットを飛ばしていたと確信する。日本は会社で好きなことをしようとするとワガママといわれるが、人は好きなことでないと、能力を発揮しない。

コストパフォーマンスの問題である。

日本企業の中国失敗の理由に、もうひとつ付け加えるなら、職種部門採用でないことである。日本企業は中国が苦手な日本人を多大なコストをかけて大量に送りこみ、彼らは皆現地で、仕事するフリをする石と化していた。

ファーストリテイリングはその現場のきつさでよく叩かれている。

正直、私もあの会社で仕事をしたくない。

が、外食、製造、運輸、日本の現場は他も多くがそうであり、先進国の中で時給は極度に低い。すでに一部、中国に抜かれている。中国の服装工場も悲惨だが、別に中国の工場の中で悲惨偏差値が特に高いわけではない。

日本のメディアは台頭した１社を叩いて、問題をごまかしているように見える。

誰もが解をわかっていたのに、誰もやらなかったことをやった柳井氏は、その一点でもっと評価されていいように思う。

私は中国の、出る杭を称賛するところは非常に好きである。あと失敗に異様なほど寛容なところ。なるほど、皆、起業するな、という感じである。

日本で成功をおさめたユニクロの矛先は、21世紀、海外へ向かった。

中国での立役者は、１９９５年に新卒でユニクロに入社した、１人の中国人留学生である。

腹黒中国で勝ったユニクロ：後篇

これが中国人若者の望むこと

「ユニクロはまず第一に公平公正、信賞必罰、完全実力主義の会社です。

私は外国人ですが、日本のユニクロで働いていた時、日本人とまったく同じ、公平な評価を受けていました。

ユニクロは、国籍、性別、年齢、学歴も関係ない、完全な実力主義の会社です。

第二はまじめな態度を評価します。これは私がもっとも気に入っているところで、努力さえすれば、ユニクロはあなたにチャンスを与えます。

第三に、チャレンジ精神です。我々はすでに日本一の目標を達成しました。

次は世界一を目指しています。会社にこういうチャレンジ精神があると、自分にプライドが持てます。

ユニクロが募集するのは、未来の小売業経営者です。小売業で世界の人材になりたいという夢があるのなら、ユニクロはトレーニングと成長のチャンスを与えます。（中略）人生は一度きり。ユニクロといっしょに人生に挑戦、未来に挑戦しよう！」

ユニクロの中国語ホームページにある人材募集に添えられている言葉である。発言者はユニクロ中国CEO、潘寧（パンニン）氏。

実際にこの通りかどうかは別として、中国の中間層の若者の夢を、非常にうまくとらえている。

中国人若者の夢は日本人とはだいぶ違う。

就職ならば彼らの一番の夢は外資である（特にアメリカ系）。

そしてそこで企業教育を受ける。学歴その他にかかわらず公平な評価をされる。国籍に関係なく出世する。そして将来は独立して社長になる。

彼らは普段から挑戦という言葉が大好きである。

逆にいえばふつうの中国の会社に、いかにこの夢がないかということである。

国営企業ならば、政府派遣の人々が上位職を占める。民間でも「関係」ほしさに、遊んでいるだけの「富二代（フアルダイ）」（富裕層の官僚の子供など）が雇われる。地元企業だともっと関係が複雑になる。

中国は優秀でも教育がうけられなかった若者も多い。人口が多く、こういう人々は最初からブルーカラーの仕事になる。

そして一歩中に入れば、皆で不正をし、その利益の分配にあけくれる。

優秀な若者なら、そんな世界より、能力を上げて、実力でがんばりたいと思うだろう。

訓練が行き届いている理由

中国のユニクロに入ると、

「歓迎光臨（フォワンインクワンリン）！（いらっしゃいませ！）」

「おまたせいたしました」

「こちらにお並びください」

「下着はお取り替えできません。ご確認ください」

ほぼ、日本と同じサービスを受けることができる。中国人店員たちは、正直、プライドの高い中国人とも思えぬほど非常によく訓練されている。10年前なら、「いらっしゃいませ」と言わせただけで、その場で辞める社員が続出した。

北京で社員教育担当の日本人に聞いたら、

「ユニクロさんね。中国人にやらせることとしては、ホント100点近い」

商品の補充、陳列なども上々。街にユニクロの偽物はあふれているが、少なくともユニクロ店内にはない……。

さて、教育がここまで行きとどいている理由のひとつは、お給料である。日本だと、低賃金重労働のイメージのユニクロだが、中国だとけっこういいのである。

2014年、高卒の店員で見習い3200元（6万4000円）から始まり、試験に受かることが前提で半年きざみで、3500元（7万円）→4200元（8万4000円）と上がっていく。店長になれば、年収15万元（300万円）。

北京だとそうでもないが、地方都市だと街の中心のおしゃれな店で働ける上に、教育も受けられて、かつ上昇の可能性がある。マネージャー候補の大卒の社員だと、日本式に店員から始まるが、初年度から月収は5、6000元（10万～12万円）。

そして人事システムを基本的には公開している。中国の若者向け就職サイトなどでも見ることができる。いい人材が集まる。

そして今、中国のユニクロは売り上げも出店も猛進撃である。

2014年、香港、台湾も入れた「大中華」地区の店は374店舗。売り上げは200

0億円を超えた。海外店では中国が一番、数が多い。

2005年、ユニクロは北京に出店し、まったく売れずに1年経たずに撤退。3年後の2008年に再出店している。

北京だけでも、今はここにも！　あ、またあそこにも増えた！　という感じで雨後のタケノコのように増えている。

内陸の地味な地方都市に行っても、街の真ん中に「あ、ユニクロ！」。

日本ではあまり報道されていないが、たとえばスーパーの家楽福（カルフール）、ドラッグストアのワトソンズ、イケアなどの外資は2002年ごろから、今のユニクロと同じような勢いで増えていった。

撤退した最初のユニクロ店舗の雰囲気は、一言でいえば地味だった。

ふつうの安売りカジュアルだと中国の場合、工場流れ品から安価な香港ブランドまで、もういくらでもある。日本ブランドだとまったく安くないため何の優位性もない。

日本人好みのものはたくさんあったが、買った薄紫のワッシャー（しわ）加工の綿シャツは中国人たちからは評判が悪かった。

シャツのおかげで北京大学の入り口で足止めをくらったのを覚えている。我が校関係の人物が、そんなしわだらけのシャツを着ているわけがない、と言われた。日本人好みの天然素材のシンプルな服は、中国人からしばしばワーカーの服装と誤解される。

ところが再出店した店は非常に明るく、前とちがった印象を受けた。

ちょうど、ユニクロが安売り店から世界のデザイナーを起用しておしゃれなイメージに転向しだしたときである。再進出したときにやっていたのがUTという世界のデザイナーとコラボしたTシャツで、当時、アパレルがまだダサかった北京で、非常にカッコよく見えた。Tシャツなら、ちょっと高くても若者は買えるし、カッコよければ買う。

そして着心地である。

今もだが、当時の中国のカジュアルウエアは着心地のいいものがまったくなかった。着心地とはすなわち、1．パターンの良さ、2．素材の良さ、である。当時の中国のカジュアルはごちゃごちゃ飾りをつけて、パターンと素材の悪さをごまかしているものばかり。

この傾向は別に服だけでなく、中国のモノ、食、すべてに言える。たとえば日本のシンプルな「寿司」がおいしいのは、海が近く素材がいいからである。中国の内陸だと、川魚はあるが、油で揚げて香辛料だらけにしないと食べられない。

香港ブランドは、中国人が作っているため、結局はいっしょである。

そこへユニクロが登場した。

現在、中年の私が、10代に輸入Tシャツを着て、なぜこんなにクタッとした襟ぐりや色やプリントがかっこいいんだろう、と思ったことを、今の中国の若者は、ユニクロで体験している。

彼らははじめて、本当の上等の綿100%を素肌に着た。中国では100%表示でも大半に混ぜ物があり、しかも繊維の短い低品質の綿生地である。さらにはじめて、着心地はいいのに、細くおしゃれに見える服を着た。中国では生地をごまかして規定より多く製造し、工場が儲けるのが常なので、妙にピチピチだったり短かったりでカッコ悪い。

中国人若者たちが、「ヨゥイクゥ」という名前を口にするのが少しずつ増えていった。

そして、この中国戦略は誰がやっているんだろう、とずっと気になっていた。出店の場所、店頭の様子、店員の教育……、絶対に日本人ではない、と思った。

最初に、ユニクロ中国CEO潘宁氏の記事を見たのは、『精品購物』というショッピング情報の無料PR誌だった。

大判カラーPR誌でさまざまな場所に無料で置いてあり、中位・下位ホワイトカラーや販売員の女性が首をつっこんで読みふけっている。

(あ、やっぱり中国人だ！　こんな人がやっているのか！)

中国では潘宁氏が最初からユニクロの顔として表に出ていた。

中国人がトップの日本ブランドというイメージが中国人に刷りこまれたのは、この影響が大きい。これをやっている日本企業は、私の知る限り、他にない。柳井氏が中国の経済紙などに登場するようになったのは、このずっと後である。

潘宁氏は北京生まれで90年代初頭に日本に留学し、商学の金融経済で修士の学位を取っている。両親は大学の先生である。母親が先に日本に来ていた。

94年、大学院を卒業した潘宁氏は、ファーストリテイリングが店長を募集している就職情報を知る。学校で学んだことを実践せんと、受けることにした。

東京で学生生活を送っていたため、ユニクロの名前どころか、面接に行く山口県がどこにあるかもわからなかった。

そして柳井氏に会った彼は衝撃を受ける。

当時の柳井氏は、小さな地方都市の小企業のオヤジさんに過ぎなかった。

しかし潘宁に会って、柳井氏がまず言ったのは、

「我々は世界最大の企業を目指している。来て、協力してくれるか?」

さらに続けて言った。

「あなたは10年先に、何をしていたい?」

終身雇用制が基本の日本で、ヘンな質問だと潘宁氏は思った。が、

「社長になりたい」

と正直に答えた。すると柳井氏は非常に褒めた上に、

「それならばここに来るのは非常にいいことだ。あなたは経営者に成長できる！」と言ったという。

入社した潘宁氏は半年で店長になる。90年代、中国人を日本人の上に据える企業は本当に少なかった。しかし当時も人員は非常にきびしく、広い店舗の掃除、管理にあけくれた。

「今でも新人に言います。毎日『歓迎光臨！』と言って掃除ばかりで自分の未来はあるのか、と悩むだろう。だけどこれは基礎だ。私は今でも皆さんより服をたたむのも、ミシンを踏むのも（ユニクロは店舗ですそ上げする）、皆さんより絶対速い！」

2001年に中国担当になった潘宁氏は、まず香港のユニクロを担当する。

香港は3、40年も前から日本のアニメと日本製品があふれる親日の街である。潘宁氏は広告にも、店のポップにも日本語を多用した。

「日本から来た同僚は皆、言った。俺たち、日本から来て、なんでまた店で日本語でしゃべらないといけないんだと。私はいや、それはおまえは香港人をわかっていない。客が日本語を聞き、日本語を目にする回数が多ければ多いほど、商品の値打ちが上がるんだ！」

この傾向は中国大陸でもある。

特に安全性が必要なもの——つまりお菓子や化粧品には日本語の文字が散乱している。もちろん日本語がついているだけで、怪しいものも多い。

香港で成功を収めた潘宁は、大陸担当になった。そしてまず北京の失敗店の閉店からとりかかった。同時にうまく行っていた上海店をモデルに研究を重ねていく。

「中国には17%の増値税（内税の消費税）がある。中国で生産しても一部の資材は輸入品で関税が高い。安売りしたとしても、我々の商品は生地からして違い、どんなに下げても最低にはならない。価格競争に入ったら、もうそれで終わりだ。安ければだれもうれしいが、結局のところ、その商品がどういう価値を買った人に与えるかだ。店頭で客に、いままでの中国国内では味わえなかったショッピングを体験してもらう」

現在、中国のユニクロ商品の値段は日本よりさらに1～2割高い。

正直なところ、それで商品が売れるとは、中国に長い私にも思えなかった。しかし中国人には、「高いものほど良い」という価値観がある。商品情報がない時代が長く、価格のみが判断材料だったからではないかと思う。あと日本人と違い、いいものはコストがかかっているものだ、という認識がある。

日本人なら「よい品をどんどん安く（ダイエーの標語）」としてしまうが、中国人は「よい品はどんどん高く」である。

そしてユニクロの戦略は成功した。

やはり中国のことは、中国人でないとわからないのである。

ユニクロで働く中国人の本音

さて、次はそんな中国のユニクロで働く中国人の本音をネットから聞いてみよう。

百度「優衣庫（ユニクロ）」板に書きこんでいた、『黒夜御史』君はデザイン科の大学4年生。卒業が間近になって、ネット経由でユニクロに履歴書を送った。

翌日にすぐ返事が来て、面接へ。店長は女性で美人だった！　午後2時に面接で夕方には合格の通知が届いた。

現在、まだ学生のため、身分はアルバイトで1時間14元（約300円）である。

そしてトレーニングが始まった。

「まず倉庫だろうが、事務所だろうが、入る時は大声で、『不好意思、打扰了（すいません、おじゃまします）』『不好意思、先走了（すいません、失礼いたします）』『店长早！（店長、おはようございます）』『辛苦了（お疲れさまでした）』と、挨拶をする。大声だぜ！

これはユニクロの特徴だけど、その休憩室でも何でもそうだなんて……」

「で、店長代行に黒い手帳を渡された。服の指定が細かく書いてある。上着はユニクロの製品、必ず清潔なもの。携帯は仕事中は所持禁止、ベルトは必ず締める、ズボンもユニクロ、靴下は黒か濃色で白はダメ（なんでなんだよ）、の色まで決まっていて運動靴はアディダスなどのカラフルな物はダメ（やりすぎ！）……、芸術系の学生っていろいろ言われんのを一番嫌うんだよ」

中国は一般に社員でも店員でも皆、携帯で遊びながら仕事をしている。

そして、毎日、店頭用語の唱和がある。

「歓迎光臨！（いらっしゃいませ！）」

「请稍等（おまちくださいませ）」

「不好意思、久等了（すみません、おまたせいたしました）」

「歓迎再次光臨（またお越しくださいませ）」

在中15年、すっかり現地化した私は中国ユニクロの中国人店員がこの言葉を言うのを聞いて、倒れそうになった。高級ホテルなど純サービス業では多少あったが、販売では本当にありえなかったのである。

現地の人は、さらに強い衝撃を受けているだろう。

黒夜御史君の初仕事はバックルームで、万引き予防のタグをつけることだった。4時間。人が通るたびに「それ、ラクな仕事だよ」というが信じられなかった。

2日間、学校に行き、再びバイト開始。

「オレ、服の畳み方を覚えたかったんだよ。ところがその日は土曜日で、もう山のような試着済みの服をもどして、また山積みをもどして。そのくりかえしで、喉もカラカラでそこに挨拶でもう声がでなくなった」

その次の日は棚やハンガー台の拭き掃除だった。

「丁寧にやったと思ったのに、店長代行が来て指でつつーとやるとホコリだらけ。オレ、ここで心が完全に折れた……」

たいしたことではないと思うのだが、彼はその日、彼女に電話して相談したあと、ユニクロを辞めることを決意する。

たった4日間だったが、ユニクロでの仕事は彼には衝撃だったようである。

「皆、オレ、我慢がないと言うかもしれないけど、違うんだよ。大学ではケンタッキーの配達のバイトをしていた。雨の日も雪の日も真夜中もやって1年以上続いたよ（筆者註：中国の配達はたしかにすごく大変である。ただし気は使わなくていい）」

店長代行は何度も電話してきて、仕事を続けるように言った。

「オレの土地だと、ユニクロたしかに給料いいよ。だけど休みは土日じゃないし、連続じゃないし、友達いなくなるよ。大卒の社員で店長になれる率、17％だよ。ユニクロ、20 20年に世界一を目指して次々開店するんだよ。で、いつになったら、服のデザインができるんだよ」

どうやら黒夜御史君は服のデザインをしたかったらしい。

掲示板では賛否両論が飛び交っていた。ユニクロ支持派もいる。

「潘宁は日本の郊外店を3人で回してたんだぜ。オレたちといっしょの仕事だ。香港に出店したときは、掃除するのに徹夜、徹夜で、毎日2時間以上寝なかったっていうよ。今だって昨日、日本で会議、今日は北京で大卒社員たちと3時間も交流した。それ以上何を要求するっていうんだ。あんた、ユニクロとユニクロの夢をわかってないよ」

柳井氏が聞いたら、感動で泣きそうな答えである。中国人も意外と「会社」と言うか、「仲間」は好きである。

しかし、黒夜御史君の意見はかわらない。

「オレ、どうせ4日しか働いてないよ。だから何もわかってないよ。わかりたいとも思わないよ。オレ、潘宁が16年かかって一歩一歩、今の地位まで上がったことに興味ないんだよ。ユニクロは彼らのものだ。だからあんなにがんばるんだよ。成功したんだよ。オレたちが今からがんばって、ユニクロがオレたちのものになるか？」

実はこの黒夜御史君、ユニクロの過去の出店数、将来の事業計画を非常に詳しく把握しており、網友（ネット民）にわかりやすく説明している。

日本の大学4年生が、入社する会社の事業計画をそらんじているだろうか。面接もすぐに合格し、店長が何度も引きとめたところから見て、きっと優秀ではあるのである。

「オレ、典型的なユニクロに向かない人なんだよ。専攻の服飾デザインの仕事がやりたくて、ユニクロはその踏み台にしようと思ってた。卒業後の時間稼ぎだな。だけど……」

デザインをやりたいのなら、周辺の仕事ではなく、デザインそのものに正面から挑戦したほうが早い。

こういう多国籍アパレルは、利益の源泉である企画&デザインは本国でやっている。

ユニクロは東京青山にデザイン部を作ってから、飛躍した。

世界中のトップデザイナーを起用しているが、それは本社が決めた「強大になった販売力と宣伝力を生かして、ハイブランドのとんがったデザイナーにこれからの顧客でもある若者向けのカジュアルを短期限定で競作でデザインしてもらう」というコンセプトが先にあるのである。

ユニクロも日本でデザイナーは募集しており、勤務地に上海もあるが、条件は経験者採用。中国限定ローカルデザインも考えてはいるだろうが、デザイナーをゼロから育てる会社ではないのである。だからどこかのアパレルのデザイン部に入社したほうがいい。

服のデザインは生産&コストと切り離せない。

どんなに会社が小さくてもダサくても、下働きからでも、実際に販売する服のデザインができるところに行ったほうがいい。しょぼい会社なら、自分のデザインで会社を変えてやる、ぐらいの勢いが欲しい。

ユニクロが欲しいのはそういうタイプだろう。まあ販売員でもぐりこんで、デザイン部に移れる可能性はそりゃゼロではないだろうが、デザインでの実績を証明できないので非常に低い。

聡明な黒夜御史君はそんなことはわかっているだろうが、まだ正面からの勝負が怖いのだろう。

3カ月後、彼はH&Mで働いていた。

「時給は1時間14元から19元になった。掃除は自分でしなくていい。普通の社員が出張してもホテルランクが良くて出張手当がたくさんでる」

と満足げに語る黒夜御史君に、別のネット民が出てきた。

「ボク、H&Mからユニクロに移った。あんたわかってないよ。ユニクロはたしかにファーストファッションの黄埔（ホワンプ）軍校（中国の厳しくて有名な軍の学校）だよ。だけどここで何年か働けば、あと、どこの会社も欲しがるよ。それに欧米企業は出世しにくい。たしかに給料はちょっといいけど、外から雇われ店長が来てさ。古くからいる社員は皆、暗くなる」

うーむとうなった。さらに別の子が登場した。

「私、友達がH＆Mで働いているんだけどね。どこも似たようなもんだって」

黒夜御史君答えていわく、

「うん。その通りだ。小売りだもんな」

加油（ジアヨウ）！（がんばれ）

番外編：独断と偏見による中国ビジネスに向かぬ人

女子アナが好きな人

のっけからなんだが、あなたが女子アナに好感を持っているなら、中国ビジネスは向かない。

などと書くと、私のヒガミと思われそうだが（笑）、違う。

そうではなくて、美女の笑顔のベールにごまかされ、あのわかりやすい計算高さとエゴを見抜けないことが、最初から中国に向かないのである。あこがれて見ていても、実はきゃんきゃん文句を言っているあなたの奥さんのほうが、よっぽどやさしいよー。

しかし、この条件だとたいていの日本人男性は不合格になる。が、なかには、彼女たちのあざとさを感じ取り、真顔で嫌う男性もいる。

出身はたいていは貧しい。自分も媚に見えない媚で這い上がって来たタイプに多い。

一方、女子アナ自身は出身は悪くないことが多いが、男社会では女はつねに持たざるものである。と言うか、日本は特に女に直接、金と力は渡さない。

贅沢をしたければオンナ力のみでゲットせよ、というわけである。

野心があり、持たざる者が何かを得ようとするならば、戦略が同じになる。

男女かかわらず一種のキャバ嬢の世界であり、つまり似たもの同士だから嫌いなのである。こういう人は中国人の手の内がわかる。

中国人男性は、男だから美女はもちろん全部好きであるが、反応はかなり違う。ちなみに中国の女性アナウンサーは美人だが媚がなく、日本人からは怖い感じ。

頭はものすごく切れて、男性そこのけでしゃべりまくる。また、そういうタイプが、男女両方から支持される。

日本滞在が長い、某中国人大学講師は言った。

「私が日本で一番嫌いなのが、女性政治家です。すごくいやらしい。お飾りで。花瓶です（中身のない、お飾りをさす）」

よくご存じのとおり、中国の女性政治家は、おそろしく怖い。

ちなみに日本の女子アナも、最近は単に報道志向のフツーな人が増えてきた。

お坊っちゃま、お嬢さま

人間、苦労していない人はいない。が、程度はそれぞれ違う。

もうずいぶん減ったが、戦後の混乱期をくぐった人は、中国に適応度が高い。

そもそも今の中年世代ですらビビる中国の田舎環境——トイレがいまだすさまじいとか、水がない、風呂が沸かせない、食べるものがないというような環境も、彼らにとったら懐かしい世界なのである。

あと、学歴がない、貧しかった、ゆえに差別された、などの人々も中国で強い。

今の中国の金持ちは、ようは怨念バブルなのである。もちろん大卒で起業した人もいるが、それは若手で、その周辺や多くは文革を経て無学歴で貧しかった人々である。

彼らと環境が似ており、彼らの気持ちがわかる人がいい。

逆に言えば、今の60歳以下の日本人は基本的に難しいということになる。

公務員、大手サラリーマンの家の子供

関西人は中国に強いとよく言われる。

その理由は何か。

自営業者が多いからである。特に大阪は中小商工業者の街で、商家で育った人が多い。

自分が現在会社員でも、頭のなかはショウバイ人、という人が多い。

中国人は会社員でも公務員でも、一般人は多くが商人発想をする。

では商人発想とはなにか。

一言でいえば、トレード（取引・交換）である。

この世界のポイントは「エラい人がいない」である。取引というのは、両者のバランスが同じになったときに発生する。取引を保証するのは法であり、その下には王様も一個人も皆、対等。交換するものは、等価値でないといけない。

大阪のおばちゃんがデパートで、

「このバッグ、1万2000円て高いわ。飾って長いから色変わってるやないの。5000円にしてよ！」

と値切るのは、価値の等価調整をやっているのである。

「きついこと、言わんといてください。私の首飛びますがな。ほな1万円に勉強させてもらいます」

「こんなバッグひとつで、あんたのその太い首が飛ぶかいな。8000円やな。外商カードでそこから10%引きな」

「わややな（泣き真似）。おーい。これお包みして」

店員もそう言いつつ、これぐらいなら何とか利もでる値段。在庫で残すより売ったほうがいい。両者握手で取引完了というわけである。

一方、価値劣化を見抜けず1万2000円払う人は、客なのに「アホやな」と言われるあたりも中国と同じである。

雇用も同じである。中国のワーカーには一般的に成果の分配はない。だから時間になったらトットと帰るわけだが、その彼らに「笑顔で挨拶を」とか、本来雇用契約にない（と彼らは思っている）「掃除」とかを追加でやらせる日本企業は、最初に納得させせない限り、ぜったいどこかで手を抜かれる。前節のユニクロが最初にあいさつと掃除をたたきこんでいるのは、後では修正がきかないからである。

それが彼らのバランス感覚である。

中国にくる日本人のなかには、表向きはやたら中国を持ち上げ、その実、見下しているという人がたまにいるが（団塊の世代の男性に多い）、彼らはかならずその自称、中国の友だちの中国人からひどくぼったくられている。

中国人はハイハイ、おっしゃる通り、と日本では解消されない彼らのコンプレックスをナデナデしながら、その料金はしっかり徴収しているのである。さすがである。

商売人の鉄則はイバるとソンである。

大阪人の私も東京にいくと、腰が低くてナメられてずいぶん損をした。

昔、大阪のラジオ局に出演したとき、プロデューサーが、

「○○さん（東京の有名な女性作家）を呼んだら、えらい高ビーで、まいったわ。あんなんなったらあかんでー」

と言っていたが、今ならわかる。東京はそうしないと女をナメる田舎者の男がたくさんいるのである。中には、表向きはモノわかりよく偽装しているのまでいる。

腰が低くても、関西人はしきたりや権威には盲従しない。

人の消費欲は新しいものに魅かれる。

革新こそが商売のキモである。外国人を含め誰とでも広く気さくに交友する。革新的な商品やアイデアはそこからくるからである。

一方、日本は「いい会社」ほど、武士道的な日本的統治で飯を食ってきた。基本は乗っかり（raider）である。排他的で権威的、下部にふるまい、その義理と恩で人を支配する。ところが中国は乗っからせてくれないどころか、騙して奪う。

組織のハシゴを外されても平気な、個として強い人がいい。

快適な日本が大好きな人

日本を訪れた中国人が叫ぶのは、だいたい次の3つである。

「方便(ファンビイエン)！（便利）　舒服(シュウフ)！（快適）　便宜(ピイエンイ)！（安い）」

特に女性にこの傾向が強い。知人の女性は、日本留学中の息子の顔を数日見に行く、と言って日本に渡り、3カ月帰ってこなかった。

あまりの快適さに、毎日、観光と買い物に走っていたのである。

「この時計も、日傘も日本で買ったのよ！」

そうそう。こういう日常品の品質の良さと安さは、中国の比ではない。息子さんも、留学して大学院まで行き、10年そのまま帰ってこなかったそうである。

なんやかんや言って、日本は快適である。

水道の水が飲める。それが軟質で質がいい。したがってスープやご飯がおいしい。日本に来た中国人が炊飯器を爆買いするのは、これもあるが、同じ味にはならない。

以前、日本から中国への飛行機の中で、

「『お味噌汁』おいしかったね。あ、味噌買うの、忘れた！」

と話していた中国人若夫婦がいた。

（味噌はあんたの国から来たんやで。で、日本の味噌で中国で味噌汁を作っても、味、変わるんやで）

と内心つっこんでいた。温泉の快適さはいうまでもない。

さらにどこでもウォシュレットも完備、街は清潔、サービスは適切、安いものを買っても店員は愛想がいい（中国では、はなもひっかけられないことがよくある）、ニセモノがない。そしてここ数年は、本当に日本の方がモノが安い。炊飯器も、中国の何倍も便利な生活雑貨も、家も（！）である。

さらに男性は、中国では日本ほどの優遇を受けられない。

日本だと、男性も女性も無意識に、男のほうが上みたいな扱いをするが、現在、中国都市部のホワイトカラーの世界は逆である。

女性のカバンを持つ！　カバン男はそこらじゅうにいるし、席を譲る、ビュッフェ式レストランでは男が料理を全部運ぶのが当たり前。

お金を払う小姐ならともかく、ふつうの同僚や仕事相手ならこの世界に適応しないと、取り残される。

私たち女性は、家では男の子を甘やかし、職場ではあきらめで男性をつけあがらせ、結局、日本男をこの島国をひとりで出たらパタリと死ぬガラパゴス系にしてしまった。結果、グローバル時代に、不景気になり自分たちの身入りも落ちた。

スポーツが苦手な人

中国人と戦う、または合作する上で、意外と大事なのが体格である。

やはり男女ともにあまりに弱っちいのは、ナメられてしまう。

中国人は、日本人より体でやることがうまい人、フィジカルで強い人が好きである。中国人に特に人気がある日本人は、卓球の愛ちゃん。羽生（ユシオン）君、古くは高倉健（ガオツアンジイエン）、あとは中国人男性の神、蒼井空（ツオンジンコン）老師。

柔道、空手もよし。テニス、サッカーもよし。

中国人もゴルフをやるようにはなったが、イマイチ、彼らの嗜好に合わない気がする。スピード感がないからかもしれない。

結局のところ、中国は昔の戦争に強い人が生き残っているのである。

余談だが、私は中国に来て40代で身長が2、3センチ伸びた！！！！

158センチから160センチ。大満足である。

一時帰国時に久しぶりに会う親戚、家族、友人、いろんな人に指摘される。自分も目線が変わったり、実家の台所やドアを昔より低く感じていたが、中国のスケールになれたせいだと思っていた。私の場合は、両親ももともと当時の平均より高く、姉2人も今も私より高い。だから伸びる要素はあった。調べてみると、肉食主体でヨーグルトなどもよく食べ、おやつは種や木の実を常食する北京の食生活は、まさに身長を伸ばす食生活なのである。日本だと魚のほうが好きだった。

北方は背の高い人が多い。上ばかり、見ていたからかもしれない。

【参考文献】潘宁：我是如何把优衣库在中国做大的（中国企業家網）
http://www.iceo.com.cn/renwu2013/2014/0214/275766.shtml

〈著者略歴〉

谷崎　光（たにざき　ひかり）

作家。新卒で㈱ダイエーと中国の合弁貿易商社に貿易営業職として5年間勤務。退職後、発表した『中国てなもんや商社』（文藝春秋）は、松竹で映画化もされた。主な著書に『日本人の値段　中国に買われたエリート技術者たち』（小学館）、『北京大学てなもんや留学記』『感動中国　女ひとり、千里を行く』（文藝春秋）、『男脳中国女脳日本　なぜ彼らは騙すのか』（集英社インターナショナル）、『てなもんや中国人ビジネス』（講談社）、他、多数。2001年から北京大学経済学部留学を経て北京在住、現在15年目。

国が崩壊しても平気な中国人・
会社がヤバいだけで真っ青な日本人

2016年2月10日　第1版第1刷発行

著　者　谷　崎　　光
発行者　小　林　成　彦
発行所　株式会社ＰＨＰ研究所
東京本部　〒135-8137　江東区豊洲5-6-52
学芸出版部　☎03-3520-9618（編集）
普及一部　☎03-3520-9630（販売）
京都本部　〒601-8411　京都市南区西九条北ノ内町11
PHP INTERFACE　http://www.php.co.jp/

制作協力
組　版　有限会社メディアネット
印刷所　共同印刷株式会社
製本所　株式会社大進堂

ISBN978-4-569-82786-5